1001
CHISTES
INOLVIDABLES

ROBIN
BOOK

Samuel Red

1001 CHISTES INOLVIDABLES

humor
ROBIN BOOK

Si usted desea que le mantengamos informado de nuestras publicaciones, sólo tiene que remitirnos su nombre y dirección, indicando qué temas le interesan, y gustosamente complaceremos su petición.

Ediciones Robinbook
información bibliográfica
Industria 11 (Pol. Ind. Buvisa)
08329 Teià (Barcelona)
e-mail: info@robinbook.com

Visite nuestra WEB

www.robinbook.com

Diseño de interior: Media Circus Diseño de cubierta: Regina Richling
Ilustración de cubierta: iStockphoto @ Christian Tölg
Ilustraciones interiores: Agustí Roig

ISBN: 978-84-9917-293-4
Depósito legal: B-20.289-2012
Impreso por A & M Gràfic, Riera Can Pahissa 14-18, naves 7-8, Pol. El Pla
08750 Molins de Rei

Impreso en España - Printed in Spain

INTRODUCCIÓN

He de reconocer que me vi obligado a escribir este libro por la doble presión de la sabiduría popular. Ya sabe, en primer lugar por aquello de que «No hay dos sin tres», aunque no ha resultado sencillo: mis dos volúmenes anteriores de Los mejores chistes del mundo, publicados como éste que tiene en sus manos dentro de la colección Coña fina (Ediciones Robinbook), ponían el listón muy alto.

Así que hice un casting de chistes y por las pruebas de selección pasaron personajes de todas las fronteras del mundo del humor: esquimales, hombres bala, extraterrestres, genios, pingüinos parlantes, caníbales estresados, templarios... De entre todos, en estas páginas sólo los mejores encontraron un sitio.

Y es que un segundo dicho de la sabiduría popular se sumó al proyecto: «A la tercera va la vencida». ¿Y cuál era el objetivo? Despertar aún más risas y tantas carcajadas como fuera posible. Como decía Leonardo Da Vinci —entre bocetos de la Última cena y esbozos de su Código *best seller*—, «Si es posible, se debe hacer reír hasta a los muertos» (por si se lo está preguntando: no, no hay un apartado de zombis carcajeantes... quizá me lo plantee en el próximo libro...).

El menú es muy variado porque en esta ocasión no era suficiente con encontrar los chistes más actuales y divertidos; además era obligatorio superar los dos volúmenes anteriores en cuanto a la variedad de las temáticas: cuarenta y cinco bloques entre clásicos (qué sería un libro de *Los mejores chistes del mundo* sin un apartado de matrimonios, sexo, ancianos o colmos) y otros más novedosos que tienen por protagonistas tan pronto a músicos como a personajes de cuento. Créame, le sorprenderán.

Por suerte, el humor continúa siendo una de las más poderosas armas contra la locura en este mundo nuestro. Reírse de todo, hasta de uno mismo, desde el respeto y dentro de la oportunidad y el contexto adecuado es una muestra de salud mental. No es algo nuevo, ya lo afirmaba Nietzsche en el siglo XIX: «La potencia intelectual de un hombre se mide por la dosis de humor que es capaz de utilizar». Y en este libro va a encontrar un buen arsenal (¡no sólo en los chistes de militares!).

Por si eso no bastara, las Autoridades Humorísticas advierten que el buen humor beneficia *seriamente* la salud (bonita paradoja): es más que sabido que la risa es una estupenda terapia, un eficaz método de adelgazamiento (con cada carcajada se ponen en marcha cerca de cuatrocientos músculos, incluidos algunos del estómago que sólo se pueden ejercitar con la risa), un lifting natural (rejuvenece al estirar y estimular los músculos de la cara y tiene un efecto tonificante y antiarrugas) y para colmo previene riesgos de infarto porque fortalece el corazón… ¿Qué más motivos necesita para iniciar la lectura?

No le entretengo más: le aguardan cientos de chistes, el más valioso tratamiento antiestrés reconcentrado en trescientas páginas, así que tome un par de dosis diarias de *Los mejores chistes del mundo* y sobre todo no reprima la risa. … ¡Recuerde que el día peor empleado es aquel en que no se ha reído!

AMISTADES

Cunningham: «Amigos son aquellos extraños seres que nos preguntan cómo estamos y aguardan nuestra respuesta». Y ésta es la base de cientos de chistes de amigos. A partir de ahí, cualquier cosa es posible.

La esposa pasó la noche fuera de casa. A la mañana siguiente explicó al marido que había dormido en casa de su mejor amiga. El marido llamó por teléfono a diez de las mejores amigas de su mujer y ninguna de ellas confirmó la historia.

Poco tiempo después, fue él quien pasó la noche fuera de casa. Al regresar, le contó a su esposa que había dormido en casa de su mejor amigo. Entonces ella llamó por teléfono a los diez mejores amigos del marido: siete de ellos corroboraron la explicación de éste… y los tres restantes, además de confirmarla, le dijeron que él aún estaba allí.

Dos amigas se encuentran por la calle:
–¡Antonia! Cuánto tiempo sin verte, ¡cuánto has cambiado!
–¿A mejor o a peor?
–Tú sólo podías cambiar a mejor...

Dos amigos se encuentran por la calle:

—Alberto, ¡cuánto tiempo sin verte! ¿Qué es de tu vida?

—Pues mira, me he casado.

—¿En serio?

—Ah, ¿es que hay algún modo de casarse en broma?

Estaban dos amigos en un bar justo a la hora en la que empiezan las noticias de la noche. En la pantalla aparece un gran despliegue policial, y la cámara va acercándose lentamente hasta enfocar a un suicida en lo alto de un edificio de diez plantas.

Uno de los amigos le dice al otro:

—Te apuesto cien euros a que se tira.

—¡Hecho! —contesta.

En ese instante, oyen un grito procedente de la televisión y cómo la cámara sigue la caída del hombre hasta el suelo.

El segundo echa mano a su cartera y le pasa un billete al amigo.

—Déjalo —le contesta—, te estaba tomando el pelo. En realidad ya lo había visto en las noticias del mediodía.

—No, si yo también… ¡Pero no pensé que fuese a tirarse de nuevo!

☺☺

Dos amigos se encuentran por la calle:

—¡Coño, Pepe! ¿Qué te pasa que te veo tan tristón?

—Pues nada, ahora vengo del médico, que me ha dicho que estoy deprimío y que lo que tengo que hacer es buscarme un hobbi.

—Ah, bueno, ¿y qué problema hay?

—¡No te jode! ¡A ver dónde encuentro yo ahora un puto enano de esos!

☺☺

Se encuentran dos amigos por la calle y uno le dice al otro:

—Ayer tuve una experiencia única, hice el 114 con una mujer espectacular.

—¡Vaya! Mira, conozco todas las posiciones sexuales y nunca había oído ésa.

—Te explico: estábamos los dos en pleno 69, llegó el marido… ¡y me puso una 45 en el culo!

☺☺

—Tío, tengo una buena y una mala noticia.

—Mira, llevo una semanita… Estoy harto de malas noticias, así que dime únicamente la buena.

—El airbag de tu coche funciona a la perfección…

Le dice un amigo a otro:

—Ayer juré no volver a fumar ni beber nunca más.

—Vaya, tío. Admiro tu gran fuerza de voluntad.

—De veras que la necesité, fueron los diez minutos más espantosos de mi vida.

Se encuentran dos amigos y uno le dice al otro:

—Oye, Vicente, ¿te enteraste del apagón de anoche?

—Calla, no me lo recuerdes —contesta el amigo—. Me tiré tres horas en el ascensor.

—Eso no es nada —dice el otro—, ¡yo me pasé cinco en la escalera mecánica!

Dos amigas que llevan mucho tiempo sin verse se encuentran una tarde:

—¡Me caso el mes que viene! Nos queremos mucho y el sexo es maravilloso, aunque dicen que después de la vicaría… ¿A ti te va bien?

—Sí, mujer, a mí mis ocho horas de sexo al día no me las quita nadie.

—¡Imposible!

—Sí, sí. Me levanto a las siete de la mañana y dos horitas de sexo. A media mañana empiezo a preparar la comida y otras dos horitas de sexo. Después de comer, veo el culebrón y antes de recoger a los niños del colegio, dos horitas de sexo más. Luego cenamos, hablamos un rato y antes de acostarme otras dos horitas...

—Pero chica, es que no me lo creo, vaya con tu marido, tienes que estar encantada. Ocho horas —la amiga se queda pensando, impactadísima—… ¿A qué tipo de sexo te estás refiriendo?

—Pues ya sabes, a todo lo que me jode: barrer, fregar, lavar los platos, hacer la colada...

ANCIANOS

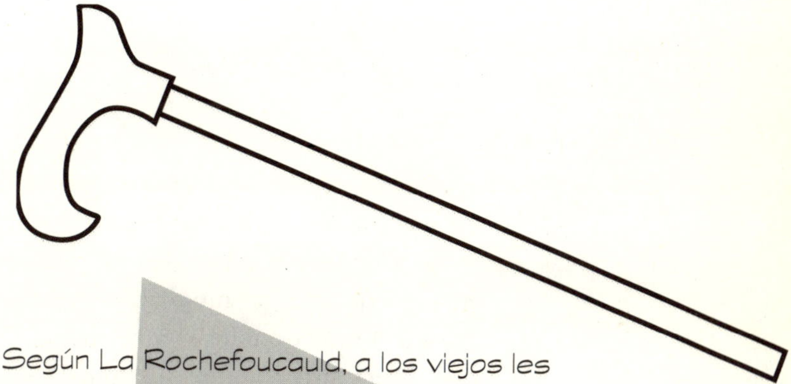

Según La Rochefoucauld, a los viejos les gusta dar buenos consejos para consolarse por no ser capaces de dar malos ejemplos. Los viejecitos de nuestros chistes no estarían en absoluto de acuerdo... En realidad siguen haciendo lo mismo que de jóvenes, ¡pero con mucho más esfuerzo!

—Abuelita, abuelita, ¿me enseñas ese pie que dice papá que tienes en el cementerio?

Estaban una vez unos viejecitos: él tenía noventa y nueve y ella noventa y dos, y vivían con sus hijos. Como todos los años, acuden juntos al médico para hacerse un chequeo, y esta vez no les dan buenas noticias:

—Lamento comunicarles que no pueden tener más relaciones sexuales.

—¿Por qué motivo?

—Porque sus corazones ya son viejos y si tienen me temo que pueden morir.

Los viejecitos muy entristecidos lo aceptan, y el médico les recomienda que duerman en diferentes camas para evitar la tentación.

Así es que se fueron a dormir. Por la noche, el viejecito escucha la puerta...

—¿Quién es?

—¡La viejecita suicida!

Un millonario de sesenta y cinco años acababa de casarse con una bellísima joven de veinte.

—¡Condenado sinvergüenza! —le espeta un amigo—, a tu edad, ¿cómo diablos conseguiste convencer a una mujer tan joven y hermosa?

—Pues muy sencillo —le contesta—: ¡Le dije que tenía noventa y cinco!

El abuelo se ha subido a casa a una prostituta y está echando un polvo en su habitación, pared con pared con la de su nieto. Los muelles de la cama no dejaban de sonar, y el nieto era incapaz de concentrarse en su estudio. Desesperado, le grita:

—¡Abuelo!, a ver si le echas Tres en uno.

Y se oye a éste:

—¡A ver si soy capaz de echar uno en tres veces!

Una anciana de ochenta años tuvo una cita con un viejecito de noventa. Al regresar a casa, su nieta la está esperando despierta:

—¿Qué tal te fue la cita, abuela?

—¡Ay, hija, no me hables!, ¡vaya noche he pasado!

—¿Y eso?

—Estábamos en plena cena... ¡y tuve que darle una bofetada!

La nieta pregunta, enfadada:

—¿Por qué?, ¿se quiso propasar contigo?

—No, al contrario, pensé que ya se había muerto.

Cierto día un abuelito de cien años estaba hablando por teléfono con su nieto.

—Abuelo —le dice el chaval—, te noto muy contento, ¿por qué?

—Es que acabo de romper el espejo.

—¡Pero eso te da siete años de mala suerte! —replica el nieto, supersticioso.

Y el abuelo, echando cuentas, contesta:

—¡Sí! ¿No es fantástico?

El nieto que le dice a la abuela:
—Abuelita, abuelita, ¿has visto por casualidad unas pastillitas con dibujitos?
—No, pero acabo de ver unos dragoncitos con lunaaares...

Regresa de su luna de miel un señor, de noventa otoños, casado con una mujer cincuenta años menor, y se va a hablar con sus amigos jubilados del parque. Allí lo apremian para que cuente con lujo de detalles su reciente experiencia:

—Uy, no me hagáis recordar... Hicimos el amor casi todos los días...

—¿¡Casi todos los días!? —responden asombrados sus amigos jubilados a coro.

—Sí, *casi* lo hicimos el lunes... *casi* lo hicimos el martes... *casi* lo hicimos el miércoles...

Dos viejecitos:

—Oye, ¿te acuerdas de cuando estábamos en Vietnam, y nos daban aquellas pastillas para que no persiguiésemos a las mujeres?

—Sí, ¿qué pasa?

—Creo que han empezado a hacer efecto.

Un viejecito estaba hablando con sus nietos en el salón de su casa. Les contaba historias de su juventud:

—Niños, yo cuando era joven era cazador y un día iba caminando por la selva con una escopeta. Detrás de mí noté cómo se movían unos arbustos, di un giro de ciento ochenta grados y de repente me encontré enfrente de un león. Ya tenía sus pelos en mi cara y...

En ese momento pasa la hija por allí y le dice:

—Papá, ¿ya estás otra vez asustando a los niños?

—No, no —contesta el abuelo. La madre se va y él prosigue, dubitativo—: A ver niños, ¿por dónde iba?

—¡Tenías sus pelos en la cara! —contestan los niños a coro.

Y el abuelo sigue:

—Entonces la cogí por la cintura y...

—Es triste envejecer crecer solo.

—¡Qué me vas a decir a mí! Mi esposa no ha cumplido años en los dos últimos lustros...

Una pareja de viejecitos estaba sentada en el sofá de su casa, siguiendo la intervención de un famoso telepredicador:

—¡Queridos hermanos y hermanas! Ahora concentraos y poned una mano sobre la pantalla del televisor unida a la mía y la otra en aquella parte enferma de vuestro cuerpo y rezad conmigo. ¡Por su sanación!

La vieja pone una mano sobre la pantalla y la otra en el corazón.

El viejo pone una mano sobre la pantalla y la otra en sus partes.

—¿Es qué no has oído bien? —le pregunta su esposa sorprendida—. Va a sanar nuestras partes enfermas, ¡no a resucitar a los muertos!

Confidencia que le hace la mujer al marido, ambos octogenarios:

—Pienso que, dada la edad que tenemos, uno de los dos podía morir… y así yo me iba a vivir con la niña a Barcelona.

Una viejecita muy preocupada llega al médico y le dice:

—¡Doctor, doctor! Creo que me estoy quedando sorda.

—¿Por qué?

—Es que ya no oigo que me silben.

A los noventa años, fallece un viejecito en la cama. Avisados los servicios médicos, el doctor llega por fin a la casa y se encuentra a la abuelita desconsolada, en esos duros momentos, tras tantos años juntos…

—Dígame, ¿cómo ha ocurrido?

—Fue haciendo el amor —le confiesa la anciana.

El doctor le explica que las personas de noventa años o más no deberían tener sexo porque es muy peligroso a esa edad. Pero la abuela le aclara:

—Lo sabíamos, y por eso sólo lo hacíamos los domingos, desde hace cinco años, con mucha paciencia, mucha calma, al compás de las campanadas de la iglesia. «Ding» hacia adelante y «dong» hacia atrás...

—Eso no es arriesgado, ¿y qué pasó? —pregunta el doctor.

—¡Ay!, ¿que qué pasó?… ¡Justo tuvo que pasar el heladero!

Dos amigos, ya ancianos, se encuentran por la calle:

—¿Qué te ocurre que llegas tan pesaroso?

—No sé. Pasan los años, nos hacemos viejos, y tengo la sensación de que, sin yo darme cuenta, todos a mi alrededor piensan que el tiempo se me acaba...

—¿Por qué dices eso?

—Me siento débil, ya no me recupero como antes y para colmo... ¡últimamente mi compañía de seguros me manda los calendarios de cortesía mes a mes!

ANIMALES

Dijo Konrad Lorenz: «Creo que he encontrado el eslabón perdido entre los animales y el Homo sapiens: nosotros». En este volumen —entre elefantes hermanados con hormigas, rivalidades de poder en la jungla, cebras, pulgas, perros que hablan...—, podrás encontrar otros tantos eslabones.

Papá piojo y su hijito pasean por la cabeza de un calvo:

—Cuando yo tenía tu edad, todo esto era un hermoso bosque.

—Elefantito, elefantito, ¿quieres un dulcecito? —le dice la hormiga al elefante.

—Si me vuelves a hablar en diminutivo, te aplasto.

Dos horas de silencio después, le dice el elefante a la hormiga:

—Hormiga, ¿quieres comer?

—No gracias —contesta—, no tengo apeto.

Los amigos de Jaime decidieron regalarle por su cumpleaños un loro: ya era un loro adulto, con una muy mala actitud y vocabulario. Cada frase que decía estaba sazonada generosamente por palabrotas, y mostraba un carácter atroz.

El dueño intentó enseñarle buenos modales, cambiar su actitud, y se dirigía al animal con delicadeza y buenas palabras, a ver si al bicho se le pegaba algo, pero no había manera y por fin, un día, el loro encontró los límites de la paciencia de Jaime: desesperado ante tanta agresividad, el dueño cogió al loro por el cuello y lo metió de cabeza al congelador.

Durante un par de minutos, aún se escucharon los gritos y palabrotas del animal y el batir de alas dentro del cajón de los congelados... hasta que de pronto todo fue silencio.

Después de un rato a Jaime le entraron los remordimientos; algo preocupado, abrió la puerta del congelador. El loro salió y, tranquilo, pausado, saltó al hombro de su dueño:

—Siento mucho haberte ofendido con mi lenguaje y actitud. Te extiendo mis más sinceras disculpas y te prometo que en el futuro vigilaré mucho mi comportamiento... Sólo deja que te pregunte... ¿Qué fue lo que hizo el pollo?

Una cría de hormiga, casi recién salida de larva, se planta ante un elefante:

—Amiguito, ¿cuántos años tienes?

—Tres meses —dice él—, ¿y tú?

—Pues yo igual —replica la hormiga algo compungida—... ¡pero es que he estado muy malita!

¿Qué pasa si cruzas un elefante con un canguro?
—Que llenas Australia de agujeros.

Un ratoncito pasa sus vacaciones de verano en un hotel. Su habitación está en el décimo piso, así que coge el ascensor. Al entrar, ve que el botones es un elefante. Éste se gira y se dirige a él...

—¿Qué piso?

Y el ratoncito le contesta llorando:

—Mi colita...

¿De dónde viene la lana virgen?
—De las ovejas feas.

¿Cómo puedes saber si hay un elefante debajo de tu cama?
—Porque estás tocando el techo con la nariz.

Una cigüeña descansa en su nido en lo alto del campanario con su hijo, que está muy preocupado:

—Mamá, mamá, ¿por qué no está ya aquí papá?

—No te preocupes, llegará pronto, está dándole una alegría a la alcaldesa, llevándole un niño.

La noche siguiente es el padre el que esta solo en el nido con la cría, que pregunta por su mamá.

—Deja de llorar, chico, si no pasa nada, se ha ido a llevar alegría a casa del panadero...

La siguiente noche, son el padre y la madre quienes están preocupadísimos en el nido, esperando el regreso del pollito cigüeña, que por fin aparece tan contento.

—Pero bueno, ¿qué ha pasado?, ¿dónde te habías metido?

—Le estaba dando un susto a una estudiante...

Están dos pollitos hablando:
Pollito 1: Pío Pío.
Pollito 2: Pío Pío Pío Pío.
Pollito 1: Pío Pío Pío Pío.
Pollito 2: Pío Pío Plas.
Pollito 1: ¡No me cambies de tema!

Iba un caracol cruzando la calle y lo atropelló una tortuga. Al despertar, se encontraba en la UVI y había un médico a su lado:

—Dígame, ¿cómo ocurrió?

—No sé —contesta el caracol—. ¡Fue todo tan rápido!

Las hormigas rojas de la selva estaban realmente hartas de que un elefante les eche abajo el hormiguero una y otra vez con sus enormes y descuidadas pisadas, así que idearon un plan:

—La próxima vez que se acerque, nos subimos a la primera rama de ese árbol, nos echamos encima del lomo para llenarle de picaduras y que muera envenenado.

Así sucedió, acudió el elefante y las hormiguitas se subieron a la rama y se lanzaron, convencidas de su éxito, al grito de «muerte al paquidermo».

—¡Matémoslo! ¡Matémoslo!

El elefante notó algo; sacudió con un brusco movimiento todo su cuerpo, y las hormiguitas cayeron al suelo. Todas salvo una, que quedó enganchada del cuello.

El resto de sus compañeras unieron su esfuerzo y un grito sacudió la selva:

—¡Ahórcalo! ¡Ahórcalo!

En un zoo de Estados Unidos acaban de recibir un burro andaluz, regalo de la Junta de Andalucía a Bush en su última visita a Granada. Los responsables del zoo, como es el primer burro que tienen, no saben en qué jaula meterlo, y después de mucho pensar, deciden alojarlo junto a una cebra solitaria, pensando que tal vez puedan aparearse y conseguir una especie animal nueva.

La cebra, con ganas de intimar, se acerca al burro y le pregunta:

—*Are you single?*

Y el burro responde:

—¿Que si shingo?, espera que zepa cómo quitarte er pijamita y te vah a enterá.

Dos piojos en la cabeza de un calvo:
—Vámonos, Pascual, que aquí ya han asfaltado.

Se encuentran dos animales por la selva y el uno le dice al otro:

—Oye, no me suenas. ¿Tu qué eres?

—Soy un perro-lobo: mi papá era un perro, y mi mamá era una loba, ¿y tú?

—Yo soy un oso hormiguero…

—¡Anda ya!

Un elefante y una hormiga llegan al registro civil.

El elefante dice tímidamente:

—Venimos porque nos queremos casar.

Al escucharlo, la hormiguita se le queda mirando y le corrige a toda velocidad:

—Venimos porque *nos tenemos* que casar.

Un gusanito se acerca a su padre:

—Papá, ¿es cierto que cuando nos morimos nos comen los humanos?

—Eso dicen, hijo, eso dicen.

Una pulga le pregunta a una amiga, mientras mira reflexiva hacia el cielo:
–Oye, ¿tú crees que habrá vida en otros perros?

—Querida, este gusanito no quiere comer.

—Claro, lo has acostumbrado a que coma con repartidor de Coca-Cola, y ahora que no hay, te monta el numerito.

Está un jaguar subido a un árbol en la selva, frotándose las uñas contra el tronco.

Pasa el elefante y le pregunta:

—¿Qué haces, jaguar?

—Me afilo las uñas porque para eso soy el rey de la selva.

Al rato se acerca el oso y le dice:

—¿Qué haces, jaguar?

—Me afilo las uñas porque para algo soy el rey de la selva...

Al poco se asoma el león:

—¿Qué haces, jaguar?

—Nada, nada, mariconadas mías.

BILL GATES Y EL IMPERIO MICROSOFT

He aquí una buena pila de ejemplos de la mayor de las verdades: el ordenador nació para resolver problemas que antes no existían, y hay quien piensa que el Imperio Microsoft nació para causarlos...

—Las gasolineras me dan miedo.

—¿Por qué dices eso?

—No hay más que fijarse: Sin plomo 95… Sin plomo 98… ¡Como saquen Sin plomo Vista me compro un diésel!

«Error de Windows 95. Todo funciona bien. Por favor reinstale Windows 95.»

Dios se manifiesta en un sueño al Papa, George Bush y a Bill Gates. Les dice:

—Tengo una noticia buena y una mala. La buena es que Yo existo. La mala es que la Tierra será destruida en treinta días a partir de hoy.

El Papa despierta a sus colaboradores y les dice:

—Tengo dos buenas noticias. La primera es que hemos tenido razón durante todo este tiempo: Dios existe. La segunda es que estaremos en el cielo a su lado dentro de treinta días.

George Bush despierta a sus colaboradores y les dice:

—Tengo una noticia buena y una mala. La buena es que Dios existe y está de nuestro lado. La mala es que el mundo terminará en treinta días.

Bill Gates despierta a sus colaboradores y les dice:

—Tengo una noticia buena y una noticia maravillosa. La noticia buena es que Dios piensa que soy una persona importante. La noticia maravillosa es que de aquí a treinta días no tendremos que escuchar ninguna otra queja sobre Windows Vista.

Si Microsoft fuera una fábrica de coches preguntaría: «¿Está seguro de que quiere hacer saltar los *airbags?*».

—Buenos días, me gustaría aumentar la RAM de mi ordenador.

—Usted verá, pero ya sabe que «No por mucho megaRAM carga Windows más temprano».

¿Cómo fue Dios capaz de crear todo el universo en seis días?

—Porque no tuvo que preocuparse por hacerlo compatible con la versión anterior.

—¿Qué?, ¿ya te compraste el nuevo sistema operativo de Microsoft?

—Pues sí, y resultó multitarea: acaba con mis nervios y mi paciencia al mismo tiempo.

¡OFERTA! Al comprar Windows Vista le regalamos cinco botones de RESET de repuesto. Oferta válida hasta agotar existencias.

Bill Gates sale de casa de unos amigos con el Scatergories debajo del brazo...

—¡Está bien, Bill, aceptamos Windows Vista!

—¿Como sistema operativo?

¿Por qué la esposa de Bill Gates quería divorciarse de él?

—Porque en la noche de bodas descubrió lo que significaban las palabras *micro* y *soft*.

BORRACHOS

Los borrachos viven una realidad paralela: de su boca puede salir cualquier respuesta y eso de que siempre digan la verdad (al menos en los chistes) crea situaciones el doble de escandalosas. Desde los estudios científicos de Los mejores chistes del mundo, presentamos la prueba definitiva de que la conciencia es soluble en alcohol.

—¿Tú sabías que se ha muerto el Botellas?
—Ni idea, oye, ¿y qué le ha pasado?
—Ya ves, de cirrosis.
—¡Qué dices! ¿Tanto bebía?
—Te diré... Lo incineraron hace dos semanas, y todavía sigue ardiendo.

Va un tipo al hospital a visitar a un amigo, que estaba que se encontraba postrado en la cama, lleno de cardenales y vendas:

—¡Pero bueno! ¿Qué te ha pasado, Juan?

—Mira —le contesta Juan, mostrándole una brecha en la frente—. ¿Lo ves? Pues es la marca de un cuerno de jirafa.

El amigo se queda asombrado.

—Y mira, ¿ves esto? —prosigue, enseñándole esta vez un cardenal soberbio en el estómago—: se trata de una patada de caballo salvaje.

El otro no sale de su asombro.

—Y esto —continúa, señalando esta vez un orificio en la parte superior de la espalda— es la marca de una coz de avestruz.

El amigo no resiste la curiosidad e intrigado cuestiona:

—¿Se puede saber dónde andabas metido? ¿En un safari?

—No, no, qué va. Me subí borracho como una cuba a un tiovivo y el cabrón del rinoceronte me lanzó una zancadilla…

Una mujer está despierta en casa a las cinco de la mañana esperando a su marido, muy preocupada. A todo esto aparece el hombre que llevaba dos días de fiesta visitando todos los bares de la zona.

Su mujer, ya de los nervios, le dice:

—¡Pepe, tú a mí me entierras!

Y Pepe, con una cogorza que no se tiene en pie, le contesta:

—Sí, mujer, estoy yo ahora para cavar hoyos...

Iban dos tipos extremadamente borrachos en una furgoneta, y el conductor le dice al otro:

—Me parece que nos acercamos a una granja... hip.

A lo que el otro le espeta;

—¿Y tú cómo... hip... lo sabes?

Y el primer borracho le contesta:

—Es que cada vez atropellamos a más animales.

Un borracho trataba de insertar con un palillo la aceituna que estaba en su vermut, pero no era capaz. A su lado, en la barra, un tipo comenzaba a ponerse nervioso con tanto intento frustrado, así que le quita de las manos copa y palillo:

—Ya está bien —y la clava a la primera.

El borracho se gira hacia él y le dice:

—Así cualquiera, ¡ahora que ya la tenía cansada!

Tres amigos están bebiendo en un bar, cuando uno propone a los otros un nuevo tema de conversación: de entre todos los personajes de cómic, con todos sus superpoderes, ¿qué superhéroe nos gustaría ser?

—A mí me gustaría ser Spiderman, para luchar por la justicia —dice el primero.

—Pues yo preferiría ser Superman, para poder ir volando a todas partes.

—Pues yo elegiría a Robin —dice el tercero, totalmente borracho.

—¿Para qué? —se extrañan los amigos.

—¡Para estar siempre al lado del Barman!

—Me siento traicionado por el alcohol: toda la noche bebiendo para no verte y ahora te veo doble...

Van dos amigos todo borrachos por la calle y uno le dice al otro:

—¡Mira! ¡Un reloj!

—Sí, debe de ser el mío... Es que a veces se me adelanta.

Entra un borracho en un autobús, éste arranca y el borrachín se va tambaleando hasta el fondo. Cuando el autobús vuelve a parar, intenta llegar otra vez hasta el conductor para comprar el billete, pero no lo consigue. El conductor vuelve a arrancar y el borracho otra vez, por el movimiento, se va hacia el final del vehículo. Así una y otra vez hasta que llega a su parada.

El borracho logra atinar al timbre, espera a que se abran las puertas, y cuando se va a bajar oye a su espalda:

—¿Tú qué? ¡Gorrón! ¿Vas a pagar o no?

—Pagar, ¿pagar?... ¡Pero, cabrón, si he venido andando!

–Doctor, ¿cómo han salido los análisis?
–Tiene usted un noventa y ocho por ciento de alcohol en la sangre.
–¿Sólo un noventa y ocho? ¡Maldito hielo!

En una prueba de alcoholemia el guardia civil le dice al conductor, mostrándole un tremendo 3,50 en el alcoholímetro:

—Mire, ¿no le da vergüenza?

—¡Coño, las cuatro menos diez, mi mujer me mata!

Un tipo regresaba a su casa a las tantas de la madrugada, con una botella de vino a medio empezar bajo el brazo. De repente, al cruzar la calle le atropella un coche y al levantarse ve que tiene todo manchado de rojo:

—¡Por favor, Dios mío, que sea sangre, que sea sangre!

Un amigo se encuentra con otro en la calle, y como no se habían visto en mucho tiempo, le invita a tomar una copa:

—Imposible, he dejado de beber.

—Pero ¿qué me dices? Si tú siempre ibas cerrando los bares, si no había día en que llegaras a casa antes de las cinco de la mañana, si…

—Pues fue llegar una noche a casa, y tomar la decisión.

—Y eso, ¿por qué?

—¡Prefiero no tener que ver a dos esposas esperándome con el rodillo en la puerta!

Era un tipo tan borracho, pero tan borracho que le llamaban «genio»… porque aparecía cada vez que destapaban una botella.

Dos amigas se encuentran por la calle:

—Chica, me encuentro fatal.

—¿Y eso?, ¿qué te pasa?

—Nada, que ayer me ligue las trompas y ahora tengo un dolor de cabeza...

—¡Y ya estás en la calle! Madre mía, ¡pero cómo se te ocurre después de una operación así!

—¿Operación? No, no: recorrido nocturno de bares de doce a seis de la madrugada…

Una mujer entra en un bar y le dice al camarero:

—Póngame una cerveza.

—¿Heineken o Mahou?

—Heineken.

La tía no para de beber en toda la noche. Se toma una, dos, tres... y ya con una tremenda borrachera, se desmaya. El camarero al verla la lleva a una sala apartada, sale de nuevo y le pregunta al jefe:

—Oye, ¿llamo a una ambulancia?

—Claro, pero antes nos la tiramos que mira qué buena está.

Con la mujer inconsciente, cumplen su propósito y luego llaman a los de la ambulancia.

Cuando ya está dentro del vehículo, le dice un enfermero al otro:

—Oye, ¿y si nos la tiramos antes de llevarla al hospital?

Así que otra vez la mujer, inconsciente, aguanta sin replicar. Al llegar al hospital, el doctor la ve y se repiten los pensamientos. Se la tira y por fin la reanima.

A la semana de este episodio, regresa la mujer al bar y le dice al camarero:

—Camarero, póngame una cerveza.

—¿Heineken o Mahou?

—¡Mahou, que la Heineken deja un dolor de entrepierna…!

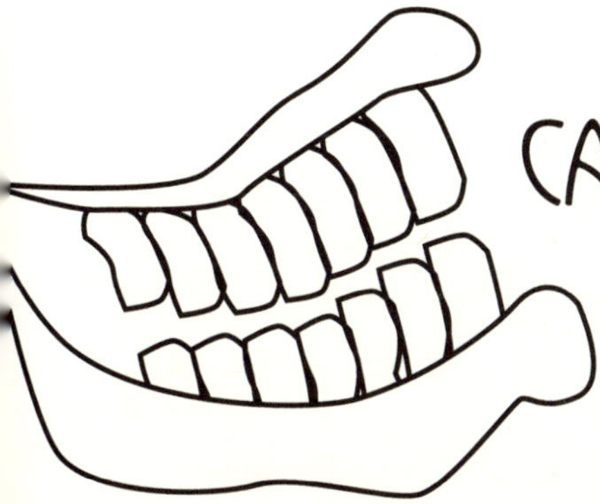

CANÍBALES

Escenarios exóticos, caníbales vegetarianos, exploradores en apuros y tribus decididas a comerse de la cabeza a los pies a todo forastero que atraviese sus territorios... De encontrarte en una situación similar, seguro que estarías muerto de miedo. Aquí, te harán partirte de risa.

El presidente de Camerún realiza una visita oficial a Rusia. El último día de su viaje, el mandatario ruso le dice:

—Bueno, señor presidente, no le vamos a dejar salir de nuestro país sin antes pasar por nuestra famosa ruleta rusa.

El presidente de Camerún, tratando de demostrar entereza, no dijo nada. Lo llevaron a un cuarto y le tocó colocarse en la sien una pistola, al tiempo que el ruso le decía:

¿Cómo se titula el libro de religión favorito entre los caníbales de las misiones?
–Mil maneras de servir a tu prójimo.

—Seis agujeros, una bala...

Rodó el tambor y apretó el gatillo. Tuvo suerte y salió de Rusia con vida.

Un año después el presidente ruso fue a Camerún de visita y el último día, el presidente camerunés le dice:

—No podrás irte sin antes probar nuestra famosa ruleta africana.

El presidente ruso, extrañado, no dijo nada. Le condujeron a una carpa donde vio a seis mujeres despampanantes, completamente desnudas.

—Escoge una de ellas —le dice el camerunés—. La que tú escojas tendrá contigo sexo oral...

El ruso, bastante emocionado ante la perspectiva, pregunta a su homólogo africano:

—Pero ¿esto qué es? ¿Cuál es el peligro?

El presidente de África le da una palmada en la espalda y le dice:

—Seis bocas, una caníbal...

Un caníbal se encuentra con otro y el primero le dice:

—Estos médicos de ahora no sirven para nada.

—¿Por qué dices eso?

—Ya me he comido tres y no hay manera de acabar con esta gripe...

Un niño canibalito le pregunta a su padre, al ver un avión:
—Papá, papá, ¿eso también se come?
—No, hijo mío, de eso lo de dentro sólo.

Un gusanito hablando con papá gusano:
—Y cuando se acabe este muerto... ¿qué hacemos?
—¿Has oído hablar del gusanocanibalismo?

¿Por qué un caníbal no se comería a Michael Jackson?
—Porque tiene colorantes artificiales.

Una tribu africana invita a almorzar a dos exploradores en señal de buena fe. Cuando están sentados a la mesa, traen una fuente que en apariencia contiene ensalada, pero cuando levantan la tapa se encuentran con un montón de manos cortadas, mezcladas con verdura. Los dos exploradores pegan un grito y salen huyendo despavoridos a toda carrera.

El jefe de la tribu se da cuenta de lo que ha sucedido y se indigna, así que llama a los cocineros a su presencia.

—Pero ¿qué les pasa a ustedes? ¡Se han vuelto locos? ¡Eran invitados blancos! ¿Cómo se les ocurre hacer algo así?

Los dos cocineros bajan la mirada, avergonzados.

—¡Que sea la última vez que sirven una ensalada de manos sin cortarles las uñas!

–¿Te gustó la sopa de mamá?
–Sí, pero la voy a echar tanto de menos...

Un caníbal le dice a otro:

—No sé qué me pasa, pero esta mañana me tomé un tartamudo para desayunar, y se me está repitiendo todo el día...

Tres hombres tienen un accidente de avión y se estrellan en la selva africana. Al poco, son capturados por unos caníbales. El rey de la tribu les dice a los prisioneros que podían salvar sus vidas si lograban pasar una prueba que contenía dos partes:

—Primero, debéis regresar a la selva y conseguir diez piezas de una misma fruta.

De modo que cada uno de los tres hombres partió en busca de lo requerido. El primer hombre regresó y le dijo al rey:

—Lo he conseguido, he aquí diez manzanas. ¿Cuál es la segunda parte de la prueba?

—Ahora —contesta el jefe caníbal— tienes que meterte por el culo cada una de las frutas sin hacer ninguna mueca o te mataremos y luego te comeremos.

La primera manzana entró, pero en la segunda el hombre se retorció de dolor, por lo que inmediatamente lo mataron.

El segundo hombre llegó y le mostró al rey diez cerezas. Cuando el jefe le explicó la segunda parte de la prueba, el segundo hombre pensó que sería una tarea muy fácil, y empezó. Una... dos... tres... cuatro... cinco... seis... siete... ocho... y justo en la novena cereza soltó una carcajada y lo mataron.

Los dos prisioneros se encuentran a los pocos segundos en el cielo, y el primero le pregunta:

—¿Se puede saber por qué soltaste la carcajada, si ya casi lo habías logrado?

—No pude soportarlo —replica el otro—: ¡Es que vi al piloto llegando con unas piñas!

Un canibalito va al colegio con un bebé en los brazos.

—¡Qué guapo!, ¿es tu hermanito? —dice la profesora.

—No, es la merienda para el recreo.

Salía un caníbal de su casa con un esqueleto en cada mano, y se encontró con un amigo, que le pregunta:

—¿Dónde vas tan cargado?

—Ya ves: ¡voy a llevar estos envases a la tienda!

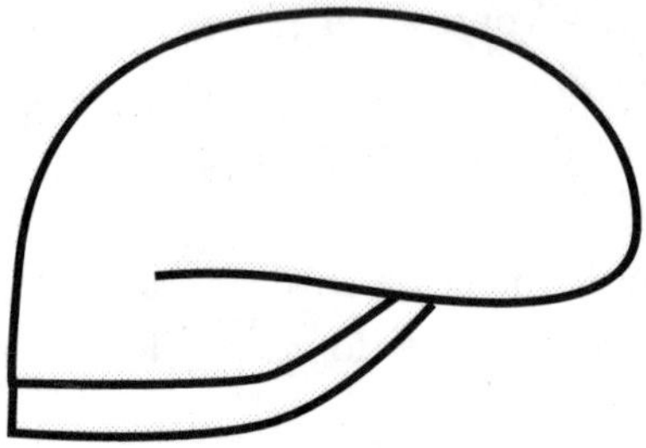

CATALANES

Tienen fama de agarrados, y saben reírse de ella. De hecho, éste es ya un clásico dentro del humor español y es que la necesidad agudiza el ingenio, que por algo la pela es la pela... «Ha quedat clar»?

El día 20 de diciembre, Josep llama desde Barcelona a su hijo Pau, que emigró a Nueva York y le dice:

—*Fill meu*, lamento arruinarte el día, pero tienes que saber que tu madre y yo nos estamos divorciando: cuarenta y cinco años de sufrimiento es suficiente.

—*Però què dius*! ¡Y justo antes de las fiestas! —grita el hijo.

—No podemos soportar seguir viviendo bajo el mismo techo —le contesta el padre—. Estamos hartos el uno del otro, y estoy cansado del tema, así que es mejor que llames a tu hermana Montse a Chicago para contárselo.

Y cuelga el teléfono. Desesperado, el hijo llama a su hermana:

—¿Cómo que se están divorciando? *No pot ser*! ¡Me voy a hacer cargo del asunto!

Inmediatamente la hija llama al padre y le dice:

—¡Vosotros no os divorciáis! No hagáis nada hasta que yo llegue. Ahora mismo vuelvo a llamar al Pau y vamos los dos para Barcelona. Hasta entonces, *res de res. Ha quedat clar?*

El padre cuelga el teléfono, mira a su esposa y le dice:

—*Molt bé*, Carmen. Todo ha salido perfecto: los dos vienen para las fiestas... ¡y se pagan los billetes!

Un catalán va a cobrar un cheque al banco y el cajero que lo atiende le pregunta:

—Muy bien... ¿Cómo quiere el dinero?

—¡Con desesperación!

Se está celebrando un precioso funeral en una antigua masía catalana. El fallecido, un millonario, ha reunido a su alrededor a muchísima gente. Entre todos ellos, destaca uno que llora desesperado. La viuda, emocionada, se le acerca:

—Disculpe, ¿conocía usted bien al Jaume?

—No, qué va; ni tan sols de vista, tú —responde el hombre.

—Y entonces, ¿por qué llora?

—*Precisament per això*!

¿Qué hace un catalán cuando tiene frío?

—Se acerca a una estufa.

¿Y cuando tiene mucho, pero que mucho frío?

—La enciende.

Dos moscas hablando:

—Pues yo estas vacaciones me voy a ir al interior de la Península.

—Yo no. Yo me voy a ir a la Costa Brava a coger un moreno...

Pasan los días y se vuelven a encontrar, y la mosca que decía que iba a ir a la costa, viene blanca...

—Pero ¿no decías que te ibas a ir a la Costa Brava?

—Sí, pero me metí en el bolso de una catalana ¡y no lo abrió para nada!

Un viejo catalán que tiene una multinacional de butifarras ultramoderna decide que ya es hora de jubilarse y llama a su hijo para instruirle en el funcionamiento de la fábrica.

—*Mira noi*, éste es un sistema muy moderno y muy fácil. Lo único que tienes que hacer es meter el burro por aquí y la butifarra sale por ahí. ¿Comprendes?

El hijo, que no es una lumbrera, responde:

—Claro, padre. Se mete la butifarra por aquí y sale el burro por ahí.

—No hijo, no. Se mete el burro por aquí, sale la butifarra por ahí.

Y el hijo erre que erre:

—La butifarra por aquí, el burro por ahí.

Por fin el padre pierde la paciencia:

—*Que no, em cago en tot*! Que yo sepa, ¡la única vez que se metió la butifarra y salió el burro fue con tu madre!

CIENTÍFICOS Y MATEMÁTICOS

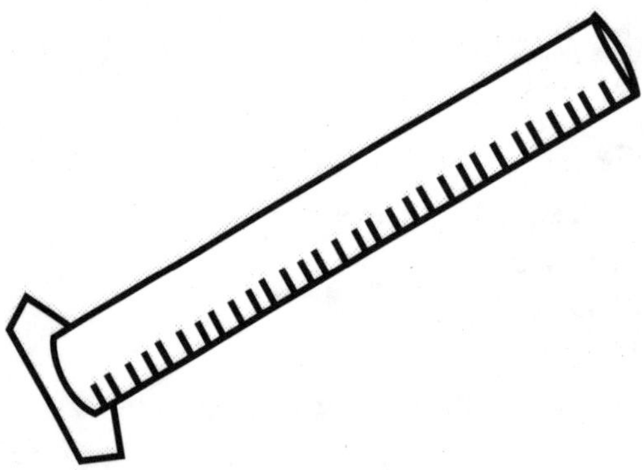

Un mundo aparte. Se mueven entre compuestos químicos, leyes físicas y razonamientos matemáticos... En cualquier caso, entre formulaciones y teoremas también hay espacio para la risa.

Después de varias semanas tratando de resolver un problema científico, el jefe de la investigación, mira a sus colegas y les pregunta:

—Señores, ¿conocen ustedes el antónimo de la palabra *eureka*?

Iba un átomo caminado por la calle con cara de preocupación. Un átomo conocido lo ve y le pregunta:

—¿Qué tal amigo?, ¿por qué estás tan estresado?

—Es que perdí un electrón —responde.

—¿Estás seguro?

—Sí, estoy completamente positivo.

El sexo es hereditario. Si tus padres no lo hacían, tú tampoco lo harás.

Un filósofo, un biólogo, un físico y un matemático estaban charlando sentados en la barra de un bar. En mitad de la conversación, dos personas entran en una camioneta aparcada enfrente del local, y al cabo de un rato salen tres.

—¡Pero esto es imposible! —dice el filósofo—. Si la camioneta estaba vacía, ¿cómo es posible que salga una persona más de las que han entrado?

—Claramente, nuestras mediciones son erróneas —contesta el físico.

—Han debido de reproducirse dentro de la camioneta —replica el biólogo.

—Francamente —interviene el matemático—, no veo dónde está el problema: ¡en cuanto entre una persona más, la camioneta volverá a estar vacía!

Un estadístico es un tipo capaz de meter su cabeza en el horno y sus pies en un barreño lleno de hielo y afirmar que, de promedio, se encuentra bien.

—Escúcheme, Caba. De acuerdo con que es usted un alumno entregado y con que adora las matemáticas... Pero no puedo darle por válido este ejercicio del examen si entre los pasos cinco y seis, donde de *tangente de x* pasa directamente a *coseno de z*, no me detalla a qué se refiere con: «Y entonces ocurrió un milagro».

¿Cómo se dice, en lenguaje científico, «más vale pájaro en mano que ciento volando»?

—Tiene más valor intrínseco un volátil fugaz en cavidad metacarpiana, que un centenar de sus congéneres surcando espacios siderales.

¿Por qué un químico debe tener mucha fuerza de voluntad?

—Porque se pasa el día rodeado de botellas pero no puede beber de ninguna.

¿Cuál es la mayor paradoja para un estudiante de Matemáticas?

—Que las chicas con más curvas ofrezcan un montón de ángulos interesantes.

¿Cuál es la mayor paradoja para un estudiante de Ingeniería?

—Que las chicas con las curvas más aerodinámicas sean las que opongan mayor resistencia...

Demostración de que las matemáticas son incompatibles con el sexo:

Si estás haciendo el amor con dos mujeres, y entra otra en el dormitorio, ¿cuántas mujeres tienes?

—Ninguna, después del divorcio.

Si tienes seis amantes y dos amigos, ¿cuántas amantes tiene cada uno de tus amigos?

—Ninguna, obviamente.

¿Es tres un número impar?

—Probablemente, pero a partir de cierta edad ya no importa.

Si una polla de quince centímetros atrae a diez mujeres, ¿a cuántas atraerá una de treinta?

—A varios millones.

Si te vas a la cama nueve horas antes de levantarte, y tu esposa quiere hacer el amor contigo durante dos horas, ¿cuánto tiempo dormirás?

—Ocho horas y cincuenta minutos.

CIRCOS

Si por lo general entrar en un circo ya es como cambiar de planeta, qué puede pasar cuando faquires, domadores y trapecistas ponen en marcha todas sus habilidades para hacerte reír...

Un domingo llegó el circo a la ciudad. Durante toda la mañana, el dueño estuvo colocando pósters gigantes donde se anunciaba, con orgullo, la visita del circo con el león más feroz jamás visto... ¡Por sólo 50 euros la entrada!

A la hora de la función no había nadie a las puertas de la inmensa carpa, así que el dueño decidió bajar el precio y los altavoces comenzaron a radiar:

—¡Vengan a ver al león más feroz nunca antes visto, por sólo 30 euros!

Pero nadie llegaba, y así siguió bajando el precio: por sólo 20 euros... 15 euros... 10 euros... y nada, hasta que al final se oyó por los altavoces:

—¡Pasen a ver el león más feroz, totalmente gratis!

En menos de quince minutos, la carpa estaba repleta a reventar. El dueño del circo miró el escenario, miró las localidades llenas de gente, puso estacas alrededor de la carpa y después dijo:

—A 200 euros la salida porque, ¡vamos a dejar libre al león!

Dos faquires se encuentran en sus respectivas camas de clavos. Y uno le dice al otro:

—Mañana voy al dentista.

—Tú como siempre, ¡no piensas más que en el placer!

Un circo andaluz está recorriendo toda la Península con sus actuaciones estelares. En un pueblo de Castilla, un joven se enamora locamente de la trapecista y decide declarársele. Por la noche, se acerca al camerino de la muchacha:

—Pisha —dice ella—, ¡qué zuzto m´has dao!

—No quería asustarte, es que te he visto en la actuación de ayer, y en la de esta mañana, y en la de esta tarde y... creo que me he enamorado y quiero quedarme contigo.

—Pero ezo e´impozible, mi arma. Tengo novio.

El chico no se da por rendido:

—Y tu novio, ¿es celoso?

—No, mi arma. Es er payaso.

—Buenas tardes, vengo porque he leído en el periódico que quiere vender un perro que habla, y como soy el propietario de un circo estoy muy interesado en él. ¿Le importa si compruebo que realmente puede hablar?

—Pues claro. Pregúntele. Se llama *Palabro.*

—A ver, *Palabro,* ¿puedes hablar ?

Y ante los atónitos ojos del dueño del circo, el perro contesta:

—Pues claro. Y también sé lanzar cuchillos con los ojos vendados mientras pedaleo en uniciclo sobre el trapecio.

—¡Pero esto es increíble! ¡Este perro es una mina! Con él puedo conseguir que mi circo sea famoso! Y dígame, ¿cómo es que quiere venderlo?

—Es que es más mentirosooo…

COLMOS

Clásico entre los clásicos, en dos líneas condensan más humor que otros en páginas enteras. Haga memoria, ¿cuántos cientos de veces ha acompañado la carcajada a la clásica pregunta «Cuál es el colmo de...»?

¿Cuál es el colmo…

… de una gallina?

—Tener patas de gallo.

… de una floristera?

—Llamarse Margarita y que el capullo de su novio la deje plantada.

… de un fotógrafo?

—Que se le rebelen los hijos.

… de un electricista?

—Que su mujer se llame Luz y sus hijos le sigan la corriente.

… de un sastre?

—Tener una mujer americana y un hijo botones.

… de un profesor de artes marciales?

—Tener muy mal karate.

… de un farmacéutico?

—Tener que cerrar la farmacia porque no le quede más remedio.

… de un sordo?

—Que en su funeral le dediquen un minuto de silencio.

… de un ciego?

—Llamarse Casimiro Miranda, vivir en el noveno B de calle Buenavista y trabajar en la fábrica de tuberías.

… de un mudo?

—Que le arresten y le digan que tiene derecho a guardar silencio.

… de un matemático?

—Sembrar una semilla y que le brote con raíz cuadrada.

… de un pastor?

—Quedarse dormido contando ovejas.

… de un futbolista?
—Tener un hijo tocapelotas.

… de un calvo?
—Tener ideas descabelladas.

CORNUDOS

Si lo saben, por cómo lo llevan; si no lo saben, por cómo se enteran... El caso es que los chistes de cornudos están entre los favoritos de mucha gente. Maridos despechados, mujeres «poco comprensivas con los deslices de sus parejas», amantes que se convierten en el mejor amigo del engañado... Situaciones siempre desternillantes.

Un cazador llega a una tienda de material deportivo y le pide al vendedor que le enseñe la mejor mira telescópica que haya para su rifle.

—Ésta es la mejor del mercado. Tanto, que si miras hacia la cima de aquella montaña podrás ver en mi casa el nombre del perro en la caseta.

El tipo enfila la cima con la mira y empieza a reír.

—¿De qué se ríe? —pregunta el vendedor.

—Es que estoy viendo en el jardín a un tío en bolas corriendo detrás de una tía en bolas.

El vendedor coge la mira, la enfila para su casa y empieza a hinchársele la vena del cuello. Coge dos balas y se las da al cliente:

—Vamos a hacer un trato. Le doy estas dos balas: si acierta con una en la cabeza de la mujer y con otra en la polla del tío, le regalo el material que buscaba.

El hombre coge el rifle, la mira telescópica y las balas, las carga, apoya la culata para afianzar el tiro y apunta el rifle hacia la casa. Después de un momento de indecisión le dice al vendedor:

—Ha habido suerte, ¡creo que puedo hacerlo de un solo disparo!

–Oye, y tú mujer, ¿qué tal es en la cama?
–Pues estoy hecho un lío... Unos dicen que muy bien, otros que muy mal...

—¿Cuál es el motivo por el que desea divorciarse?

—Llevamos juntos diez años y me trata como si fuese un perro.

—¿Su esposa le maltrata?

—No, ¡quiere que le sea fiel!

Llega el marido de trabajar a su casa y encuentra a su esposa en la cama con otro hombre.

—¡Pero mi amor! ¿Qué estás haciendo?

Y ella le responde:

—Es que llamó el timbre y me preguntó: «¿No tiene nada que su esposo no use?».

Una mujer pregunta a su marido:

—Federico, ¿cuándo vas a arreglar la lámpara del pasillo?

El marido se gira hacia ella, harto de las prisas:

—¡A ver si te has creído que soy electricista!

La mujer calla y pasa el tiempo... Una tarde, Federico llega a casa y encuentra la lámpara por fin arreglada. Extrañado, pregunta:

—Felisa, ¿ya funciona el enganche?

—Pues sí, vino el nuevo vecino, y lo arreglo todo.

—¿Y te cobró algo?

—Me dejó escoger entre hacerle una tarta de bienvenida o irme con él a la cama.

El marido se ríe con la ocurrencia y pregunta:

—¿La hiciste de manzana o de chocolate?

—¡A ver si te has creído que soy pastelera!

—Mi mujer es tremendamente tímida.
—¿Ah, sí?
—Figúrate que no empezó a salir con hombres hasta después de casarse conmigo...

Un tío entra a un bar y dice:

—¿Me pone un whisky?

—¡Enseguida!

Va el camarero, coge una botella de whisky escocés de 24 años y le empieza a servir.

—¡Pero qué hace insensato! Se ha equivocado de botella, ¡yo no puedo pagar ese whisky!

—Nada, nada, usted no se preocupe que hoy invita la casa.

—Muchas gracias, pues ya que ha tenido el detalle... Póngame una docena de langostinos y me los va cobrando...

—¡Marchando! Son dos euros. Hoy estamos de rebajas.

—Perdone, pero usted no es el dueño, ¿verdad?

—No, no, yo soy sólo un camarero.

—¿Y el dueño dónde está?

—Arriba, con mi mujer.

—¿Y qué hace con ella?

—¡Lo mismo que yo con su negocio!

El señor Carreira recibe una carta anónima:

«Estimado caballero: le informo de que esta noche a las diez en punto su mujer le pondrá los cuernos. Firmado: un amigo».

Y el señor Carreira murmura, nada enfadado:

—Pobrecito, otro que se hace ilusiones con la puntualidad de Marisa...

—Tío, mi mujer me está engañando con otro hombre.

—¡No puede ser! —le responde el amigo—. ¿Y vas a permitir que nos hagan esto?

Un comerciante llega a su casa después de un viaje de un año por América. Al abrir la puerta, ve a su mujer embarazada, y empieza a dudar de todos sus amigos del bar:

—¿Quién ha sido? ¿Ha sido mi primo Julián?

—No...

—¿Manolo? ¿Ha sido el gordo de Manolo?

—Que no, Pepe...

—¡Mi socio Arturo! Ha sido él, ¿no?

—Pero bueno, ¿qué pasa? —interrumpe ella—. ¿Es que mis amigos no son lo suficientemente buenos para ti?

—Yo lo tenía todo: un cochazo, una casa en la playa, un sueldo monumental, una mujer despampanante y de repente... ¡Pom!... Todo se fue al garete.

—¿Qué pasó?

—Me descubrió mi mujer.

Una gallina pone un huevo de medio kilo, y pronto es noticia en todos los informativos del planeta. Prensa, televisión, entrevistas... todos detrás de la gallina:

—¿Cómo ha logrado esa hazaña señora Gallina?

—Secreto de familia —contesta la gallina, discreta.

—¿Planes de futuro?

—Me gustaría poner un huevo de un kilo.

Los flashes de las cámaras se centran asimismo en el afortunado padre de la oval criatura...

—¿Cómo ha logrado semejante hazaña, señor Gallo?

—Secreto de familia... —replica de igual modo el gallo.

—¿Planes futuros?

—¡Romperle el pescuezo al avestruz!...

Bienaventurados los vikingos... porque los suyos son postizos.

Un padre acude preocupado a la consulta del médico, con un niño en brazos.

—Doctor, mi hijo tiene un año y medio y no ha abierto aún del todo sus ojos...

Después de hacerle al pequeño una revisión, el doctor le pregunta al padre:

—Oiga... ¿Su esposa es asiática?

—Pues no.

—Entonces, amigo mío, ¡me temo que quien tendría que abrir más los ojos es usted!

Le dice un amigo a otro:

—Hay que ver la suerte que tiene mi mujer. Sale a la calle y siempre se encuentra algo: un día se encuentra un anillo de oro, otro día se encuentra unos zapatos nuevos, hasta un día se encontró un abrigo de visón, y muchas cosas más... Y la mala suete que tengo yo, ¡que un día me encuentro en mi cama unos calzoncillos y me vienen grandes!...

Dos amigas hablando entre ellas:

—Hoy en día es muy difícil ser fiel...

—Estamos totalmente de acuerdo... ¡Sobre todo a cuatro hombres al mismo tiempo!

DEPORTISTAS

El deporte desata lo mejor y lo peor de cada uno: es una cuestión de honor, competición, sacrificio, disciplina... Y da igual de qué se trate: golf, fútbol, boxeo o ajedrez. Los chistes de deportes suelen quedar bien clasificados en el ranking de Los Mejores del Mundo.

Dos tíos están jugando al golf cuando uno de ellos le pega con la pelota a otro jugador en el extremo opuesto del campo. Cuando se acercan, ven que el hombre está muerto, y tiene la cabeza cubierta de sangre porque se le ha quedado la pelota incrustada en su nuca.

—¡Dios mío! ¿Y ahora qué hago?

—Yo intentaría sacar la pelota del hoyo con un hierro del nueve.

¿Por qué Maradona se dio a las drogas?
—Porque le dijeron que jugara pegado a la línea blanca.

Un boxeador «sonado» padece de insomnio y se lo dice a un amigo.

—Oye, ¿y has probado a contar hasta quedarte dormido?

—Sí, pero es que al llegar a nueve me levanto de un salto.

Dos amigos tomando un café...

—Oye Pepe, ¿tú crees que en el cielo se podrá jugar al fútbol?

—Yo creo que sí, Manolo, porque si allí arriba todo es perfecto, tiene que haber fútbol.

—Estaría bien, sí...

Al cabo del tiempo Manolo se muere y, un día, Pepe escucha una voz susurrante del más allá...

—Peeeepeeee, Peeeepeeee, soy yo, Manooloooo.

—¿Manolo? ¿Qué quieres de mí, Manolo?

—Tengo dos noticias que darte, Pepe, una buena y otra mala. Primero te daré la buena: que sí, que en el cielo también se juega al fútbol...

—¿Y la mala?

—Que tienes partido mañana a las cinco de la tarde.

Un hombre estaba jugando golf, cuando de repente se sintió perdido. Ve delante de él a una mujer y fue a su encuentro...

—Disculpe, ¿podría ayudarme?, ¡no sé en qué número de hoyo estoy!

—Usted está un hoyo detrás de mí. Yo estoy en el siete, y usted en el seis.

Un par de horas más tarde, se sintió nuevamente perdido. Vio a la misma mujer y fue hacia ella con algo de vergüenza.

—Me temo que me perdí otra vez. ¿Podría decirme en qué hoyo estoy ahora?

—Sigue un hoyo por detrás de mí. Yo estoy en el catorce y usted en el trece.

El hombre le agradeció el gesto y continuó jugando. Al terminar, vio cómo la mujer entraba en la cafetería del club de golf y se dirigió a ella para invitarla a tomar algo, como agradecimiento por su ayuda. Ella aceptó y comenzaron a charlar animadamente hasta que él le preguntó a qué se dedicaba:

—Trabajo como comercial de una empresa.

—¿De verdad? —Contesta él—, ¡yo también!! ¿Qué vende?

—Se lo cuento si promete no reírse: trabajo vendiendo tampones.

Al oírlo, él empieza a partirse de risa y ella le increpa:

—¡Me dijo que no se reiría!

—¡Es que yo vendo papel higiénico! —replica el hombre—: ¡Y sigo estando un hoyo por detrás de usted!

—Definitivamente —le dice un ajedrecista a otro—, el ajedrez no es un juego de damas...

En el colegio de árbitros:

—Hola, buenas; vengo porque quiero ser árbitro.

—¡Manolo! Ven a tomarle los datos a este hijoputa.

—Oiga, ¡hijoputa lo será usted!

—¡Manolo! No vengas, que no sirve.

2004. Iban a celebrarse los Juegos Olímpicos en Atenas y el director del comité olímpico español tiene que dar un discurso en la ceremonia de apertura. Cuando el público guarda silencio, comienza:

—O... O... O... O...

—Señor director —se oye susurrar al secretario—: ¡Los aros olímpicos no se leen!

El fútbol es un deporte en el que juegan veintidós futbolistas y siempre pierde España.

Un árbitro de fútbol le dice a un amigo:

—Me he retirado porque no quiero pitar en primera.

—¿Y por qué?

—Por evitar el divorcio de mis padres.

—No sé de qué me hablas —le replica el amigo, extrañado.

—Imagínate la situación: Camp Nou, cien mil espectadores, y todos gritándome a la vez «¡árbitro, hijo de puta!». Uno se puede equivocar… y dos… ¿pero cien mil? ¡Alguno tiene que conocerla!

—Buenas tardes, señora, veníamos a por Arturito para jugar al baloncesto.

—Pero niños, si ya sabéis que mi hijo no tiene ni piernas ni brazos, ¿cómo va a jugar con vosotros?

—No, si ya lo sabemos, pero es que bota de maravilla.

—¿Y qué le parece ese chico?

—Es un jugador muy prometedor.

—¿Es bueno?

—No, hace cinco años que me viene prometiendo jugar mejor.

¿En qué se diferencian los Juegos Olímpicos de los Paraolímpicos?

—En uno huele a Reflex, y en otro a Tres en uno.

—Caddie, ¿por qué estás todo el tiempo mirando tu reloj?

—No es un reloj, señor… ¡es una brújula!

Dos boxeadores están peleando y suena la campana. El que va perdiendo se sienta en su rincón y le pregunta a su entrenador:

—¿Cómo vamos?

—¡Si lo matas, empatamos!

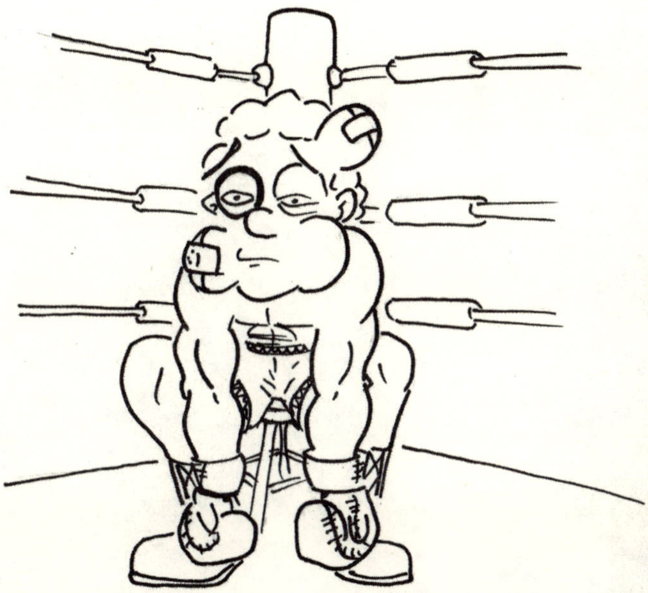

—Removería cielo y tierra para ser capaz de bajar de noventa golpes en este campo.

—Pues pruebe con el cielo —replica el caddie—: ¡La mayor parte de la tierra ya la ha removido!

DIOS Y FAMILIA

Moisés, Jesucristo, Adán y Eva, Judas... Ni el mismo Dios habría imaginado cuando inspiró los Evangelios que tantos pasajes bíblicos verían su «remake» humorístico. Y es que la Gracia divina (siempre desde el mayor de los respetos) puede ser realmente divertida en muchas ocasiones.

Se encontraba Jesucristo realizando uno de sus habituales paseos por el Cielo, cuando de repente se cruza con un hombre de largas barbas, vestido con una túnica, con un rostro venerable. Jesús, mirándolo con una mezcla de emoción y sorpresa, le dice:

—Perdone, buen hombre. Yo a usted le conozco de algo... ¿Cómo se llama?

—Ay, hijo mío, si pudiera recordarlo... Pero yo ya soy muy mayor y la memoria me falla.

—¿Y no tiene usted recuerdos de su vida en la Tierra?

—Hace muchos años que ya no estoy en la otra vida, aunque recuerdo que en mi madurez fui carpintero y tuve un hijo que se hizo muy famoso en toda la humanidad.

Al oír estas palabras, Jesús abraza al venerable anciano y grita:

—¡Padre!

Y el anciano levanta sus ojos, emocionado y acierta a susurrar:

—¿¡Pinocho!?

Después de un tiempo de calma en el Paraíso, Dios decidió que ya era hora de empezar a poblar su Creación, así que llamó a Adán a su presencia:

—Es tiempo de que Eva y tú empecéis a darme nietos, así que, como primer paso, acércate a ella y le das un beso.

—Sí, Señor, pero no sé qué es eso —replica Adán.

El Señor le dio una descripción breve y Adán tomó a Eva entonces por la mano, la llevó detrás de un arbusto cercano y reapareció después de unos minutos:

—Vaya, Señor, ha resultado bastante agradable.

—Sí, Adán, pero ahí no acaba todo, ahora tienes que acercarte y acariciarla.

—¿Que es «acariciarla»?

El Señor le dio una descripción breve a Adán y éste volvió a tomar a Eva de la mano, la condujo detrás del arbusto y varios minutos después, regresó sonriente:

—Señor, fue incluso mejor que el beso.

—Has hecho bien, Adán, y ahora, para que mi Creación florezca de vida, quiero que hagas el amor con Eva.

—Señor, ¿qué es «hacer el amor»?

El Señor le dio instrucciones de nuevo a Adán, y Adán fue con Eva, detrás del arbusto. Al poco, se asoma con gesto contrariado...

—Señor, ¿qué es un «dolor de cabeza»?

Si eres de los que le ponen una rayita horizontal al 7, debes saber que esta costumbre se remonta casi al principio de los tiempos bíblicos... Mientras se encontraba Moisés en el monte Sinaí, le fueron dictados los Diez Mandamientos y cuando descendió, los fue enumerando en voz alta a la multitud, uno a uno.

Empezó diciendo:

—¡Uno: amarás a Dios sobre todas las cosas!

(aplausos)

—¡Dos: no tomarás el nombre de Dios en vano!

(aplausos)

Así sucesivamente, hasta que llegó a...

—¡Siete! ¡No desearás a la mujer de tu prójimo!

Y entonces todas las voces se alzaron gritando:

—¡No jodas, tacha el siete, tacha el siete!

Moisés está en Egipto con los judíos en un gueto de esclavos. Las cosas no pueden ir peor; además de los problemas habituales, el faraón se niega a hablar con él, y algunos de sus compañeros están enfadados por todo el jaleo que ha armado. Está a punto de tirar la toalla cuando de repente se le aparece Dios y le dice:

—Moisés, tú conducirás a mi pueblo a la libertad. Tengo una noticia buena y otra mala.

—Oh, Señor, ¿cuál es la buena?

—Para presionar al faraón, te ayudaré provocando lluvias de ranas, plagas de langostas, malas cosechas, convertiré el Nilo en sangre, y dividiré las aguas del Mar Rojo.

—¡Excelente! ¿Y cuál es la mala noticia?

—Tú, Moisés, redactarás el informe de impacto ecológico.

Está Jesucristo clavado en la cruz y empieza a llamar a Pedro a gritos:

—¡Pedro, Pedro!

Y Pedro se acerca corriendo mientras los romanos comienzan a tirarle flechas. Sigue corriendo herido, al tiempo que oye la llamada del Señor:

—¡Pedro, Pedro!

Arrastrándose, con heridas abiertas por todo el cuerpo, llega a los pies de la cruz.

—Dime, Maestro.

—Mira, Pedro: desde aquí se ve tu casa…

Está Jesús con sus discípulos en la Última cena. Después de los postres, se acerca el maitrê y le tiende a aquél la cuenta. En esto Judas interrumpe, echando la mano a la cartera:

—Deja, deja, yo invito ¡que hoy cobro!

Un tipo pasea demasiado cerca del borde de un precipicio. Tras un tropiezo, resbala y cae, aunque en el último instante logra agarrarse a unos matojos a mitad de camino y empieza a gritar:

—¿Hay alguien?

Silencio.

—¿¿Hay alguien??

Más silencio.

—¿¿¿Hay alguien???

Entonces se escucha una voz profunda y majestuosa que proviene del cielo y dice:

—Hijo mío, soy Dios. He oído tu súplica y la atenderé. Déjate caer al vacío y Yo enviaré una legión de ángeles que detendrá tu caída y te depositará intacto en el suelo…

El tipo queda en silencio unos instantes y luego clama:

—¿¿¿HAY ALGUIEN MÁS???

Jesucristo camina por el desierto con los doce apóstoles y ordena:

—Coged una piedra cada uno y marchad con ella a cuestas.

Todos cogen la roca más grande que ven junto a sí, excepto Judas, que toma una minúscula y se la guarda en el bolsillo.

Al poco tiempo los apóstoles le dicen:

—Maestro, tenemos sed.

—¡Que las piedras se conviertan en agua!

Y ocurre, así que todos beben a grandes sorbos… excepto Judas, que apenas da un sorbito.

Jesús vuelve a tomar la palabra:

—Coged otra piedra para volver a caminar.

Todos la cogen entre sus manos salvo Judas, que, esta vez, se carga a su espalda un peñasco de cincuenta kilos.

Pocos kilómetros después se cruzan con un campesino que no obtiene cultivo de su tierra por falta de abono. Jesús se compadece de él y exclama:

—¡Que las piedras se conviertan en abono!

Judas, lleno de mierda hasta el cuello, extiende sus brazos y clama al cielo:

—¡¿ES O NO ES PARA TRAICIONARLO?!

En aquel tiempo, Jesús subió a la montaña y, sentándose en una gran piedra, dejó que sus discípulos y seguidores se le acercaran. Después, tomando la palabra, les enseñó diciendo:

—En verdad, en verdad os digo que serán bienaventurados los pobres de espíritu, porque de ellos es el Reino de los cielos. Bienaventurados los que tienen hambre y sed de justicia, porque ellos serán saciados. Bienaventurados los misericordiosos, porque ellos alcanzarán misericordia...

Entonces Pedro le interrumpió para decir:

—Ah, pero... ¿tenemos que saberlo de memoria?

Y Andrés dijo:

—Ah, pero... ¿tenemos que escribirlo?

Y Santiago dijo:

—Ah, pero... ¿tenemos que examinarnos de esto?

Y Felipe dijo:

—No tengo papiro.

Y Juan dijo:

—¿Puedo ir al servicio?

Y Judas dijo:

—¿Y esto para qué sirve?

Y un fariseo dijo:

—¿Cuál es tu nivel de competencia curricular? ¿Cómo atiendes a la diversidad? ¿Cómo has diseñado la motivación de intereses de palestinos y gentiles?...

... Y éste es el motivo por el que Jesús optó por dejar la enseñanza y enfilar el camino de Getsemaní...

En pleno diluvio universal, el arca de Noé no dejaba de zozobrar de un lado para otro y el patriarca Noé no encontraba explicación al asunto.

Un día decide visitar la cubierta de los animales, y he ahí el problema: se encuentra a todos ellos copulando como bestias salvajes. Noé, enfadado, les grita:

—¡Deteneos ahora mismo! Os salvo la vida ¿y es así como me pagáis? Estáis a punto de hundir el arca.

Todos los animales lo obedecieron, bastante avergonzados, pero a Noé le dio lástima y les dijo:

—Os daré una ficha a cada pareja, en ella estará el día y la hora en que podéis hacer el amor. Al animal que no respete esto, lo tiro por la borda.

Pasaron los días y andaba el mono molestando a la mona; le decía:

—¡El martes a las 12 de la mañana vas a sufrir!

Y así una y otra vez desde el sábado hasta el lunes por la noche, en que la mona, muy molesta, acude a visitar el camarote de Noé:

—Mira, Noé, sabes que el mono hace días que me anda molestando. Me dice que mañana a las 12 de la mañana voy a sufrir. Yo sé lo que va pasar ese día, ¡pero no puede andar gritándolo por todas partes! ¿Qué van a decir mis amigas?

Noé, enojado, manda a buscar al mono y le reclama:

—Escucha, mono, ¿por qué andas molestando a la mona de esa manera? ¿Qué es eso de que va a sufrir? A ver, dime por qué.

—Es que el sábado... ¡perdí mi ficha jugando póquer con el burro!

DIVORCIOS

Asegura Luis Rojas Marcos que el divorcio es un camino hacia la felicidad. Desde Los Mejores Chistes no podemos confirmarlo, pero sí te aseguramos que, al menos ahora, te hará pasar un buen rato.

Un matrimonio estaba cenando en un restaurante, cuando en el mismo entra un amigo de ambos acompañado de una desconocida. La señora le comenta a su esposo:

—¡Mira!, es Ernesto Padilla... ¡pero ésa no es su esposa!

—No, es su amante —dice el hombre, sin extrañarse por la situación.

La mujer se sorprende ante la reacción de su marido, pero no dice nada. Cuando ya están llegando a los postres, una joven veinteañera se acerca al esposo y le susurra al oído:

—Oye, me dejaste esperando ayer...

—Sí, se me presentó un problema, pero hoy paso por tu casa...

—Muy bien —responde la joven, y se aleja después de plantarle un boca en la comisura de los labios, delante de la mirada atónita de su esposa.

—Y ésa, ¿quién diablos es?

—Mi amante.

La mujer se pone hecha una fiera y comienza a gritarle. Entre palabras airadas, le pide el divorcio...

—No hay problema —responde él—, pero recuerda que la casa, el coche y la cuenta de la empresa están a mi nombre. También vete olvidándote de los viajes a Europa y de las tarjetas de crédito, tus balnearios, el profesor de tenis y el chófer.

La mujer se calma, baja la cabeza, se queda en silencio... y a los diez segundos vuelve a levantar la mirada, y le dice cariñosamente:

—Nuestra amante es más bonita que la de los Padilla, ¿verdad?

Algunos matrimonios terminan bien... otros duran toda la vida.

¿En qué se parecen una boda y un divorcio?

—En que en la boda es todo arroz y en el divorcio es todo «paella».

Una mujer se va de viaje al Caribe y a los pocos días le manda un telegrama a su esposo que decía:

—Solicito envíes papeles divorcio (stop) Enconrre pareja ideal (stop) Tipo Ford Fiesta 2004 (stop).

El esposo, extrañado, acude a la respectiva agencia de automóviles más cercana y pide las características del Ford Fiesta fabricado el 2004, y el vendedor comienza a explicarle:

—Ah, sí, un modelo estupendo, se vende de maravilla: mayor empuje, un eje más largo, lubricación constante y un sistema de seguridad que permite que se pare cómo sea y donde sea.

Con esa descripción el desafortunado marido pudo comprender los motivos de su esposa y lo único que le quedó fue buscarse una nueva compañera. Un par de semanas después, la mujer recibe este telegrama, junto con los papeles de divorcio firmados:

—Aquí tienes (stop). Encontré pareja idea (stop). Condiciones Jeep Grand Cherokee 2005 (stop).

La esposa, extrañada, acude al concesionario más cercanoa y pide las características de la Gran Cherokee modelo 2005. En una pila, encunetra un folleto del último modelo: «Modelo nuevo, cero kilómetros, lindas curvas, mucho más económico... Tapicería resistente... No ruge cuando se le mete la palanca y su escape es más silencioso... Trabaja duro y, lo mejor: ¡Mire qué línea delantera y trasera!».

Llega un señor con su hijita a una juguetería. La niña ve las muñecas Barbie y se va derecha a por ellas:

—Oiga —le pregunta el padre a la dependienta—, ¿cuánto cuesta la Barbie superstar?

—Cien euros —responde la chica.

—¿Y la rockera?

—Cien euros.

—¿Y la Barbie Beach Glam?

—Cien euros.

—Vaya, ¿y la Barbie divorciada?

—Trescientos euros.

—¡Trescientos!, ¿y por qué esa diferencia?

—¡Ah!, es que la Barbie divorciada incluye la casa en la playa de Ken, el descapotable de Ken, la mansión de Ken…

—Ya no me quieres y yo estoy harta de ti.

—Ahora estás un poco depresiva, cariño. ¿Quieres que te compre algo para alegrarte la vida?

—¿Algo como qué?

—¿Un viaje al Caribe?

—No.

—¿Un abrigo de visón?

—No.

—¿Un BMW descapotable?

—No.

—Bueno, ¿qué es lo que quieres?

—El divorcio.

—… Pues la verdad es que no pensaba gastarme tanto...

EL FIN DEL MUNDO

Si una mañana se abriese el cielo y una voz anunciase que el Fin del Mundo está cerca pasarían varias cosas: los apocalípticos saldrían a la calle; los empresarios se harían de oro vendiendo camisetas del evento y localidades de primera fila; los religiosos alzarían sus proclamas de fe, amor y oraciones para evitar la catástrofe; la prensa lo difundiría y otros tantos no terminarían de creérselo... ¿No es una situación estupenda para los chistes de última hora?

¿Qué dirían los distintos periódicos y revistas si se acabara el mundo?

El Pueblo Vasco: «Bilbao desaparece».

Avui: «Catalunya s'acaba. La resta del mon tambe».

La Vanguardia: «El Rey Don Juan Carlos concluye su reinado y el resto del mundo se le une con entusiasmo».

Heraldo de Aragón: «No habrá trasvase del Ebro».

El País: «Por fin se acaba El Mundo».

Metro: «Se acabó lo que se daba».

El Mundo: «El Felipismo culpable del fin del mundo. Publicamos los documentos de la trama final».

ABC: «Mientras el mundo se derrumba, España va bien».

As: «Definitivamente, el Real Madrid el mejor equipo de la historia».

Sport: «Adiós al Madrid. El equipo blanco se despide de la liga».

Mundo Deportivo: «Aquest any, tampoco».

Cinco Días: «Derrumbe histórico de las Bolsas».

Nuevo Estilo: «Ideas funcionales para decorar el fin del mundo».

Bricolaje Fácil: «¿Preparado para el fin del mundo? Construye tu propio ataúd».

Más Allá: «Ahora veréis como teníamos razón».

Ragazza: «Tu primera y última regla».

Cosmopolitan: «Cómo seducir en el último instante. Todos los trucos».

Elle: «Cómo estar guapa hasta el final del día».

Hola: «¿Adiós?».

Semana: «El último llanto de Isabel Pantoja».

Interviú: «¡Tenemos las fotos de Los Jinetes Del Apocalipsis en Exclusiva!».

Qué Me Dices: «Mañana termina el Gran Hermano».

Diez Minutos: «El príncipe Henry se queda soltero».

Dos informáticos hablando:

—Oíste las noticias, ¿de verdad crees que se acerca el fin del mundo?

—Es posible, pero tranquilo, Dios hace un backup cada milenio...

EL MÁS ALLÁ

Decía Mark Twain que prefería el Cielo por su clima y el Infierno por la compañía... Aunque en lo referente a los chistes la elección es más complicada porque da igual cuál sea el escenario —Cielo, Infierno o Purgatorio—: las risas están garantizadas.

Había una vez en un pueblo dos hombres que se llamaban José Pérez Mota. Uno era sacerdote y el otro, taxista. Quiere el destino que los dos mueran el mismo día. Así que llegan al Cielo donde los espera San Pedro.

—¿Tu nombre? —pregunta San Pedro al primero.

—José Pérez Mota.

—¿El sacerdote?

—No, no, el taxista.

San Pedro consulta su planilla y dice:

—Bueno, te has ganado el Paraíso. Te corresponden esas dos nubes de la derecha y la túnica de hilo de oro que ves allí colgada. Adelante, hijo mío.

—Gracias, gracias... —dice el taxista, y entra en el Paraíso.

Dos o tres personas más tarde, el otro José se presenta ante las puertas del Cielo.

—¿Tu nombre?

—José Pérez Mota.

—¿El sacerdote?

—Sí.

—Muy bien, hijo mío. Te has ganado el Paraíso. Te corresponde esta túnica de lana virgen y aquella nube de la izquierda.

El sacerdote, que había oído la suerte de su tocayo, llama la atención a San Pedro:

—Perdón, no es por faltar, pero... creo que se ha equivocado. ¡Yo soy José Pérez Mota, el sacerdote!

—Sí, hijo mío, te has ganado el Paraíso, te corresponde la túnica de lana virgen y...

—¡No, no puede ser! Yo conozco al otro señor, era un taxista, ¡vivía en mi pueblo y era un peligro! Se subía a las aceras, no respetaba un semáforo ni un stop, tiraba los postes de alumbrado... Y yo me pasé más de sesenta años de mi vida predicando todos los domingos en la parroquia, ¿cómo es posible que a él le den la túnica de hilos de oro y a mí esto? ¡Debe haber un error!

—No, no es ningún error —responde San Pedro—. Es que hemos cambiado el sistema de calidad del Paraíso y ahora nos movemos por evaluaciones de objetivos y resultados.

—¿Cómo dice?

—Mejor lo adapto a tu caso y lo entenderás enseguida. Durante los últimos cuarenta años, cada vez que tú predicabas, la gente dormía; pero cada vez que él conducía, la gente rezaba. Si está clarísimo… ¡Resultados!

Un día mueren tres amigos en un accidente de tráfico. Los tres suben al Cielo y San Pedro los recibe y les comenta cómo va a ser su estancia allí:

—Aquí en el Paraíso todos se desplazan en coche, y la gama de éste depende de lo que se haya tenido y hecho en la vida. Tú, Jacinto, por haberle sido infiel a tu esposa en veinte ocasiones, conducirás un Ford con el tapizado gris, parches y abolladuras en la chapa. Tú, Nicolás, por haber traicionado a tu esposa con otras cinco mujeres, tendrás un Corsa en buen estado general, con pocos fallos. Y tú, Perico, por haber sido siempre fiel a tu esposa, irás en un Aston Martin V8 de 400 CV, con kit deportivo, tapicería en piel y equipo de audio JBL de 240 W. RMS. Además, y como premio adicional, te alojarás en la suite presidencial del Hilton y serás socio del club de golf.

Cada uno de los tres amigos toma un rumbo con el vehículo que le han adjudicado.

A los cuatro meses, después de haber recorrido muchos kilómetros por las celestiales carreteras, se encuentran los tres por casualidad en un semáforo.

Jacinto y Nicolás se bajan de sus coches para saludarse y observan que Perico no se apea de su Aston Martin. Lo ven llorando amargamente al volante y extrañados se dirigen hacia él:

—Pero hombre, ¿por qué lloras? ¡Si tienes el mejor coche del Cielo y vives como un sultán! No tienes motivos para estar deprimido...

—¿Que no? ¡Acabo de ver a mi esposa en patinete!

Un diablo pequeñito se acerca a su papá diablo, en el Infierno:
—Papá, ¿puedo ir a jugar con los ángeles al Cielo?
—No.
—¡Papá, por favor! Déjame.
—He dicho que no, que la última vez que te dejé ir te portaste muy bien...

Un hombre llamado Jacinto se muere y va al Cielo. Ante las puertas del Paraíso, se encuentra a San Pedro y le dice:

—Verá usted, me he muerto y quiero saber si estoy aquí apuntado.

—¿Cómo ha dicho que se llama?

—Jacinto.

—Pues no le veo en mi lista. Mejor vaya usted al infierno a ver si está allí

Jacinto se dirige al Infierno y tiene la misma conversación con el diablo encargado de los ingresos, que le dirige al Purgatorio. Allí tampoco estaba apuntado, y, como último intento, le redirigen al departamento de Reencarnaciones.

—Buenas tardes —le dice al funcionario de la puerta—. Verá, es que me he muerto y no estoy ni en la lista del Cielo, ni en la del Infierno, ni en la del Purgatorio. Mire por favor a ver si estoy aquí apuntado, porque ya no se me ocurre qué hacer.

—¿Cómo se llama?

—Jacinto.

—En efecto, está usted en nuestros listados. Parece ser que se ha reencarnado en una gallina.

Así que Jacinto emprende el regreso de su alma a la Tierra, exactamente al gallinero donde le aguarda su nuevo cuerpo junto con las demás gallinas. Al llegar, una de ellas le advierte:

—Si no quieres acabar en la olla, tienes que poner como mínimo dos huevos al día.

—¡Pero si yo no sé poner huevos! —contesta Jacinto.

—No importa, tú empuja muy fuerte hasta que empieces a sentir que el huevo ya sale.

Jacinto lo hace y todas las gallinas animándolo:

—¡Jacinto! ¡Jacinto! ¡Uno! ¡Bravo! ¡Jacinto! ¡Jacinto! ¡¡Vamos, a por el segundo!!

(...)

—¡Jacinto, Jacinto! ¡¡Despierta, que te estás cagando!!

Está San Pedro en la puerta del Cielo y tiene que ausentarse un momento por razones de fuerza mayor. Ve pasar un ángel y le dice:

—Oye, ponte aquí un momento y controla al personal que quiera entrar.

—Bueno. ¿Y qué tengo que hacer?

—Pues es muy fácil. Mira: en una mano te pones esta Biblia y en la otra este fajo de billetes. Al que quiera entrar se los ofreces: si escogen la Biblia, adelante; si escogen el dinero, al Infierno.

—Vale.

Y siguiendo las instrucciones de San Pedro, el ángel va cumpliendo su cometido bastante bien. Al rato, se presenta ante él un individuo que opta por la Biblia, y comienza a leerla a su lado, hasta que llega a una página determinada.

—¡Qué pasaje más sublime! ¿Permites?

Y le coge un billete que pone como punto de lectura en el libro. Sigue hojeando y al pasar otra página exclama:

—¡Qué gran verdad! ¡Qué maravilla! ¿Permites?

Y agarra otro billete que utiliza del mismo modo. Sigue así la cosa hasta que todo el fajo de billetes se encuentra entre las páginas de la Biblia, y entonces, despidiéndose cortésmente del boquiabierto ángel, el individuo entra en el Cielo.

Regresa San Pedro y el ángel le informa de cómo ha ido todo y en particular le explica este caso.

—¡Cachis! —exclama San Pedro—. ¡Ya se nos ha vuelto a colar otro del Opus!

Eso que va la peseta al Cielo y toca en la puerta de Dios y le dice:

—Dios, vengo a que me acoja, que como usted ya sabe vamos a desaparecer por eso del euro y me gustaría quedarme en su casa aquí en el cielo.

—Adelante, hija mía, pasa —responde Dios.

Al cabo de un rato, llama la moneda de cinco duros y lo mismo:

—Dios, vengo a que me hospede en su casa que como ya sabe vamos a desaparecer y me gustaría quedarme aquí.

—Quédate, hijo mío.

En eso que llama a la puerta de Dios el billete de diez mil pesetas y le dice:

—Dios, vengo a que me acoja en su casa que como sabe vamos a desaparecer por eso del euro y le agradecería que…

—¡No puede ser! —le interrumpe la voz divina.

—¿Y por qué no, Dios?

—A ti nunca te he visto por la iglesia…

ESTUDIANTES

¡Qué difícil es la vida del estudiante! Siempre a la búsqueda de la respuesta más absurda para sorprender al profesor, de la excusa más disparatada ante unos deberes incompletos, de la justificación más increíble a la hora de llevar las notas a casa...

—A ver, Luisito, vas a definir ante toda la clase la palabra *descanso*.

—Pero profesor, es que no sé lo que es.

—Una pista: ¿qué hace tu papá después de trabajar?

—¡Eso es lo que mi mamá quisiera saber!

—Hijo mío —dice el padre mirando la factura del colegio—, nunca pensé que tus estudios fueran tan caros.

—Y eso que soy de los que menos estudian...

El hijo de Bin Laden le entrega las notas a su padre en junio y éste le dice:

—¡Pero bueno!, si tienes sobresaliente en todas las asignaturas, ¿cómo has suspendido Ciencias Sociales?

Y el hijo contesta:

—Porque me preguntaron cuál era el edificio más alto de Nueva York y yo dije que era el Empire State.

—Tú tranquilo, hijo mío, que en septiembre apruebas.

La profesora de quinto pide a sus niños que escriban una redacción breve donde aborden los siguientes temas: religión, nobleza, sexo y misterio. Al momento, un pequeño de la última fila levanta la mano y dice haber terminado ya.

Extrañada, la maestra le pide que la lea y el niño entona:

—«Ay, Dios mío! —exclamó la condesa—. Estoy embarazada y no sé de quién!»

En clase de Lengua, un alumno escribe un dictado en la pizarra:

—Señor Bonilla, ¿podría explicarme por qué le ha puesto tilde a *calor*?

—Es que he oído en la radio que estos días el calor se acentúa...

La profesora de Matemáticas, enfadada, les dice a sus alumnos:

—Para mañana, quiero resueltos todos los problemas de fracciones, decimales y reglas de tres. ¡Todos! ¿Entendido?

Y desde el fondo de la clase, susurra una niña...

—¡Pobre papá!

Un cavernicolita llega a la cueva y le da las notas al cavernícola padre. Éste las lee con detenimiento y al rato dice:

—Mira, hijo: que repitas Caza, lo comprendo, porque eres pequeño y todavía no puedes con la lanza... Que repitas Agricultura, pase, porque es un rollo y al principio cuesta trabajo quedarse con los tipos de plantas y demás... Que repitas Pintura rupestre te lo perdono porque aún no tienes claras las perspectivas y los mamuts te salen movidos... pero... ¡Que repitas Historia... que apenas llevamos dos páginas!...

Una catedrática está dando a sus alumnos las últimas instrucciones sobre el examen final que harán al día siguiente. Termina diciendo que no habrá excusas para los no presentados, a menos que se tratase de un accidente grave, enfermedad o muerte de algún pariente próximo.

El típico gracioso del fondo de la clase levanta en ese momento la mano y pregunta, con aire chulesco:

—Entre esos motivos justificantes... ¿podemos incluir el de extremo cansancio por actividad sexual?

La clase explota en carcajadas mientras la profesora aguarda con increíble paciencia hasta que se vuelve a lograr un relativo silencio. Entonces, mira al graciosillo y responde:

—Ésa no será una excusa válida mañana. Como se trata de un examen tipo test, puede usted venir y escribir con la otra mano..., o puede contestar de pie, si le resulta doloroso sentarse...

–Papá, ¿recuerdas que me dijiste que si aprobaba todo, para celebrarlo nos íbamos de viaje en verano a Disneyworld?
–Sí.
–Pues te he ahorrado ese gasto.

El compañero de Jaimito se ha quedado dormido y el profesor le dice:

—Jaimito, haz el favor de despertarle.

—Imposible: usted le ha dormido, usted le despierta...

—De verdad, hijo, no comprendo que hayas vuelto a suspender Latín... A mí jamás me costó ningún esfuerzo.

—Ya, es que desde tu época ha evolucionado de una manera...

En una clase de primaria, los niños ensayan con la maestra:

—¿Estáis todos listos para cantar?

Alumnos:

—¡Sí!

Maestra:

—¿Dónde está papááá?

Alumnos:

—¡No sééé!

Maestra:

—¿Dónde está mamááá?

Alumnos:

—¡No sééé!

Todos:

—¡Arriba, arriba el Orfanato San Josééé!

—¿Qué tal en el colegio, hijo?

—Mi redacción conmovió a la profesora.

—Ah, qué estupendo, ¿y qué te dijo exactamente?

—Que daba lástima.

Un padre vuelve a casa y su hijo menor llora desconsoladamente.

—¿Por que lloras, hijo?

—Es que el director del cole se ha enfadado conmigo porque he provocado una explosión con las prácticas de Química.

—No te preocupes, mañana vuelves al colegio y como si no hubiera pasado nada.

—¿Colegio? ¿Qué colegio?

—¿Cómo es que hoy vienes tan pronto? —le pregunta su mamá a Jaimito al verle llegar del colegio.

—Es que fui el único que pude contestar una pregunta.

—¡Muy bien, hijo mío! ¡Eres un niño tan estudioso! ¿Y cuál era la pregunta?

—¿Quién le tiró el borrador al director?

En clase de Biología, el maestro de primaria dice a sus alumnos que le escuchan atentamente:

—La mayor de las aves zancudas es la cigüeña.

Y uno de sus pequeños alumnos replica.

—No nos venga con cuentos, profe, ¡que ya tenemos edad para saber que las cigüeñas no existen!

EXTRANJEROS

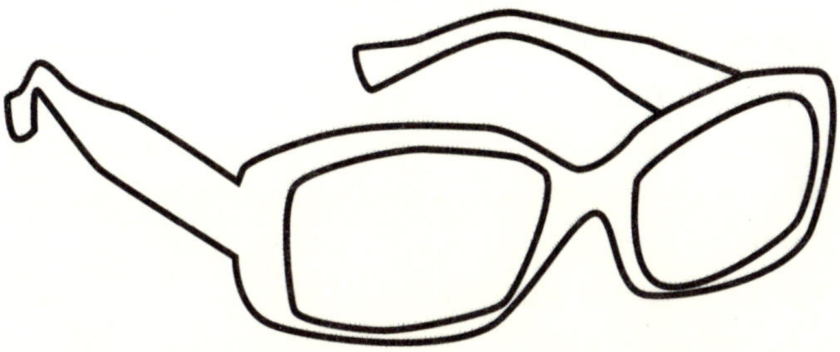

Cuando en la primera frase de un chiste se juntan «un francés, un inglés, un alemán y un español», sólo una cosa está clara: los chistes no están preparados para las relaciones diplomáticas... pero es un buen modo de divertirse mientras se conoce mundo.

¿Por qué los chinos son tan malos conductores?
—Falta de visión periférica.

Un tipo llega a una posada en lo más profundo de los montes tibetanos, y le pregunta al anciano que le atiende si podría pasar allí la noche, pues se encuentra totalmente perdido. El anciano le contesta que sólo tiene un cuarto, en el tercer piso, pared con pared con el cuarto de su nieta, y que se lo cede gustoso siempre y cuando se comprometa a no ponerle a la chiquilla un dedo encima.

—Si ponel dedo encima a nieta, yo aplical los tles castigos chinos —le advierte.

El forastero acepta.

A la hora de la cena, ve bajar por las escaleras una chinita de veinte años recién cumplidos, escultural, con piel de porcelana y unos ojos deslumbrantes que no le quita de encima en toda la noche.

El tipo no sabe qué hacer... pero la carne es débil y, cuando la chinita llama a su puerta en plena noche, por supuesto cae en la tentación, aunque no puede dejar de pensar en la amenaza del anciano.

A la mañana siguiente, el huésped despierta en su cama con una roca inmensa aplastándole el tórax. Sobre la roca ve un cartel que dice: «Primer castigo chino: roca encima de cuerpo».

El hombre está relativamente aliviado, porque a pesar de que la roca es grande, se ve capaz de quitársela de encima. Reuniendo fuerzas, la levanta y con un impulso, la arroja por la ventana del tercer piso.

Justo cuando la deja caer, ve un cartel en el marco de la ventana que dice: «Segundo castigo chino: roca amarrada a huevo derecho».

Al ver que la cuerda estaba ya llegando a tensarse por completo, el hombre no se lo piensa dos veces y se tira por la ventana, valorando que más vale un par de huesos rotos que un testículo menos.

Según cae, a la altura del segundo piso, ve un cartel enorme en el suelo que pone: «Tercer castigo chino: huevo izquierdo amarrado a pata de cama»...

¿Es cierto que en Hungría hay muchos bares de copas?

—Pues sí. Dondequiera que vayas, hungarito por aquí, hungarito por allá…

¿Cómo eligen los chinos el nombre para sus hijos?

—Cogen una olla, la tiran por la escalera de su casa y como suene...

¿Por qué el sol no se pone sobre el Imperio Británico ?

—Porque Dios no confía en los ingleses en la oscuridad.

—¿Has oído el caso de ese fugitivo que secuestró un autobús de turistas japoneses? La policía tiene cinco mil fotos suyas…

Un alemán, un francés, un inglés, y un cubano observan una reproducción artística de Adán y Eva en el Paraíso…

—Miren qué cuerpos tan cincelados: ella esbelta y espigada, él con ese cuerpo atlético, los músculos perfilados... Deben de ser alemanes.

Inmediatamente, el francés reaccionó:

—No lo creo. Es claro el erotismo que se desprende de ambas figuras... Ella tan femenina, él tan masculino… Saben que pronto llegara la tentación. Deben de ser franceses.

Moviendo negativamente la cabeza, el inglés comenta:

—Para nada. Fíjense en la serenidad de sus rostros, la delicadeza de la pose, la sobriedad del gesto. Sólo pueden ser ingleses.

Después de unos segundos más de contemplación, interviene el cubano:

—No estoy de acuerdo. Miren bien: no tienen ropa, no tienen zapatos, no tienen casa, sólo tienen una jodida manzana para comer y está prohibida, no protestan y todavía piensan que están en el Paraíso... ¡Sólo pueden ser cubanos!

Una turista madurita le confiesa a un oficial escocés:

—Siempre he tenido curiosidad por saber qué llevan los escoceses debajo de la falda.

—Señora —replica el oficial—, los escoceses somos hombres de pocas palabras... Mejor permítame su mano…

Entran un inglés, un francés y un alemán al bar de un español y al verlos pasar dice el camarero:

—¿Esto es un chiste o qué?

EXTRATERRESTRES

Por si no fuera suficiente con el mejor humor de este planeta, he aquí una selección de los mejores chistes de otros sistemas solares. No hay límite de años luz para la risa.

Se encuentra una pareja dentro de su coche, en un descampado, cuando de repente ven descender del cielo un platillo volante. Éste se detiene sobre el vehículo y lanza un rayo luminoso que, sin saber cómo, absorbe a ambos y les planta en el interior del ovni en un segundo.

Allí se presentan los pilotos del platillo: una pareja de alienígenas que les informan de que han sido elegidos como los afortunados cobayas para la primera experiencia sexual entre humanos y extraterrestres. Una vez dicho esto, separan al hombre con la marciana y a la mujer con el marciano.

Cuando se queda a solas la primera pareja, el marciano desnuda a la chica y se desnuda él a su vez. Ella ve que le cuelga una cosita muy pequeña, pero en ese momento el extraterrestre empieza a tirarse de la oreja y, *¡plop!,* aquello crece en el acto. A la terrícola casi se le salen los ojos de las órbitas...

Dos marcianos se detienen delante de un semáforo con su platillo volante.
—¡La he visto yo antes!
—¿Y qué? ¡El guiño me lo hizo a mí!

Cuando todo acaba y los dejan nuevamente en tierra, en el mismo descampado donde los abdujeron, el tipo le pregunta a su novia:

—¿Qué tal fue todo ahí arriba? ¿Te encuentras bien?

—No estuvo nada mal, ya sabes... —replica ella, algo incómoda con el tema—. Y tú... ¿qué tal con la marciana?

—Bueno... Nada fuera de lo normal aunque fue algo doloroso... ¡La muy bestia pasó toda la noche tirándome de la oreja!

Un platillo volante en misión espacial aterriza en medio de una carretera de Cádiz.

Se bajan dos extraterrestres y tras una breve exploración, encuentran abandonado un tricornio de la guardia civil.

Uno de ellos, el piloto, lo coge y se lo pone sobre su cabeza.

—¿Qué?... ¿Recibes algo? —le pregunta el copiloto.

Y contesta el piloto, al tiempo que señala la nave:

—Hombre... Recibir, recibir, no recibo nada... Pero me están entrando unas ganas de pegarte una hostia y quitarte diez puntos...

Una mujer va conduciendo por la autopista cuando ve aparecer un ovni en su espejo retrovisor. Aterrada, da un volantazo y termina estrellándose contra un árbol. Con el golpe pierde el conocimiento. Tras unas horas, lo recupera y al abrir los ojos ve ante sí a dos alienígenas verdes que se dirigen a ella mientras le masejean los pechos...

—Tranquila terrícola, venimos en son de paz, no queremos que sufra. Ya le hemos cosido la raja que tenía entre las piernas y en breve verá cómo le desaparecen estos dos chichones.

FARÁNDULA

Decía Marlon Brando: «Un actor es una persona que no te escucha a menos que estés hablando de él». La fama de vida fácil y superficial les acompaña dondequiera que van, pero el mundo de la farándula puede llegar a ser de chiste...

Llega el esposo a casa, cansado del trabajo, y su mujer le pregunta si le apetece ir al cine. A él no le apetece nada moverse, pero ante la insistencia de ella, acepta ir a ver una comedia romántica, de esas que tanto le gustan a su esposa.

Entran en el cine, comienza la película y con la historia casi acabada, él se gira y observa que su mujer está llorando a lágrima viva.

—¿Qué te pasa? —pregunta preocupado.

—Ernesto, ¿sabes cuántos años llevamos casados! ¡Quince!

—¿Y eso qué tiene que ver ahora?

—En estos quince años —prosigue ella—, ¿cuándo me has besado tú como ése besa a la protagonista? ¿Cuándo?

—Ay, mi amor —replica él—: ¡¿Tú sabes cuánto le pagan a ese tipo?!

—¡Mamá!, ¡conseguí un papel en aquel casting!

—¡Qué alegría! ¿Y de qué harás?

—De marido.

—Bueno hijo, no te preocupes, ya te tocará un personaje con diálogo la próxima vez...

¿De qué murió ET?

—De un empacho de Donuts.

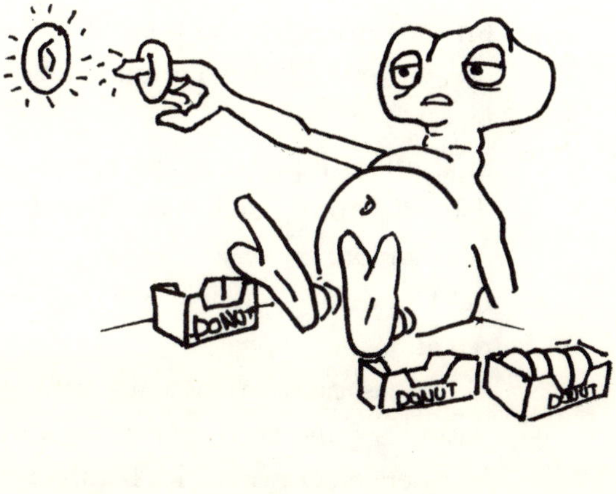

—Qué tal te va en el teatro?

—Voy fenomenal, me veo dando clases en breve.

—¿Tanto has avanzado?

—Desde luego. Mi director de escena dice que le he abierto los ojos a la verdad.

—¡No me digas!

—Sí, hoy me ha dicho que hasta que me conoció pensaba que un drama era cuando llora el actor, pero que gracias a mí ha comprendido que el drama es cuando llora el público....

Una conversación entre actores:
–¿Cuál fue el momento más difícil de tu carrera?
–Al principio...
–¿Por qué?
–Es que tardé mucho en acostumbrarme a no comer...

Dos viejas estrellas de Hollywood se encuentran en la ceremonia de los Oscar tras muchos años de no verse. Una de ellas, dándose aires, le dice a la otra:

—Estoy en mi mejor momento, ¿sabías que hice asegurar mis pechos por un millón de dólares?

Y la segunda le responde:

—¿De veras? ¿Y qué hiciste con todo ese dinero?

Quince escenas que un director de cine jamás puede olvidar incorporar a su película:

1. En toda investigación policial que se precie, es necesario visitar como mínimo un club de striptease.
2. Si alguien te persigue por el centro de la ciudad, siempre puedes quitártelos de encima ocultándote entre los participantes del desfile del Día de San Patricio, sea cual fuere la época del año.
3. Todas las camas tienen un embozo que llega hasta las axilas en el caso de las mujeres y hasta la cadera en el caso de los hombres.

4. Los sistemas de ventilación de los edificios son el escondite ideal: a nadie se le ocurrirá mirar en ellos y sirven, además, para desplazarse hasta cualquier parte del edificio sin dificultad.
5. Es muy probable que sobrevivas a cualquier batalla, a menos que cometas el error de enseñarle a alguien una foto de tu novia.
6. La torre Eiffel se puede ver desde cualquier ventana de París.
7. Un hombre no se inmuta mientras recibe una paliza de campeonato, pero se queja cuando una mujer intenta limpiarle las heridas.
8. Si se ve en algún momento un vidrio de considerables dimensiones (sobre todo si lo llevan dos hombres) es que alguien va a atravesarlo en breves instantes.
9. Si tienes que pagar un taxi, no busques un billete en la cartera: saca lo que tengas en el bolsillo al azar. Siempre será el importe exacto.
10. Las cocinas no tienen interruptores de luz. Si entras en una cocina de noche, deberás abrir el frigorífico e iluminar con la luz interior del mismo.
11. Todas las mañanas, las madres cocinan huevos, bacon y gofres para la familia, aunque su marido y sus hijos no tengan tiempo para comérselos.
12. Toda persona que sufra una pesadilla se incorporará de golpe en la cama y jadeará sudorosa.
13. No es necesario decir hola ni adiós cuando se empieza o termina cualquier conversación telefónica.
14. Las bombas van equipadas con temporizadores que tienen pantallas con grandes números rojos para que uno sepa cuándo van a estallar.
15. No importa si tus enemigos te superan en número durante una pelea de artes marciales: te atacarán de uno en uno, mientras esperan, con gesto agresivo, a que vayas acabando con sus compañeros.

FEMINISTAS (ELLAS CONTRA ELLOS)

Hombres que os acercáis desprotegidos a estas páginas... coged aire y un escudo, y recordad que la risa siempre es la mejor defensa. He aquí la primera parte de una lucha de sexos que deja dardos verbales de la altura de los que siguen...

¿Por qué las mujeres casadas están más gordas que las solteras?

—La soltera llega a casa, ve lo que tiene en la nevera y se va a la cama. La casada ve lo que tiene en la cama y se va a la nevera.

♀

¿Por qué se suspendió la práctica de la circuncisión en Occidente?

—Porque los médicos temían que pudiera causar daño cerebral.

♀

—Si pudimos enviar un hombre a la Luna... ¿por qué no enviarlos a todos?

¿Por qué los chistes de mujeres siempre ocupan dos líneas?

—Para que los entiendan los hombres.

♀

¿Cuáles son las medidas perfectas de un hombre?

—90-6-90... 90 años, 6 infartos y 90 millones en la cuenta bancaria.

♀

¿En qué se parece un hombre a un columpio?

—En que al principio divierte, pero al final marea.

♀

¿Por qué lo que se les dice a los hombres les entra por un oído y les sale por el otro?

—Porque el sonido no se propaga en el vacío.

♀

¿Por qué no hay casos de varones con la enfermedad de las vacas locas?

—Porque afecta al cerebro.

♀

¿Por qué las mujeres son como las mariposas?
—Porque van de capullo en capullo.

♀

Definición de hombre ideal: aquél capaz de llevarnos como desayuno a la cama un café en una mano, un zumo de naranja en la otra y doce donuts.

♀

¿Qué tienen en común los aniversarios de boda, el punto G y un retrete?
–Los hombres no aciertan con ninguno.

¿Qué es lo más complicado en una operación de cambio de sexo de mujer a hombre?
—La reducción de cerebro.

♀

¿Por qué el hombre ladea la cabeza para pensar?
—Para que sus dos neuronas hagan contacto.

¿Cuál es el Día Mundial del Hombre?

—El día menos pensado.

¿Por qué lleva más tiempo hacer un hombre de nieve que una mujer de nieve?

—Porque tienes que hacer hueca la cabeza.

¿Qué hace un hombre lanzando manotazos al aire?

—Reunir sus pensamientos.

¿Cómo se escoge el hombre más bruto del mundo?

—Al azar...

¿Por qué es bueno ponerle los cuernos a los hombres?

—Porque un animal sin cuernos es un animal indefenso.

¿En qué se parecen las neuronas de un hombre a las carabelas de Colón?

—En que son tres, avanzan despacio y cuando van hacia un lado terminan en otro.

¿En qué se parecen los hombre a los horóscopos?

—En que siempre te dicen qué debes hacer y generalmente están equivocados.

¿Cuándo habrá igualdad entre hombre y mujer?

—Cuando las mujeres sean gordas, calvas y viejas y aun así se sientan atractivas.

GAYS

Durante mucho tiempo los gays fueron víctimas de chistes reprobatorios que tendían a ridiculizarlos. Con el paso del tiempo, este tipo de humor ha evolucionado y puede seguir despertando carcajadas porque su lectura es mucho más abierta y tolerante. Así que, si existe humor negro o humor verde... ¡ahí va una muestra de los mejores chistes de humor arco iris!

Un chico se enfrenta por fin a la realidad: ha de decirle a su padre que es gay.

—Papá, tengo algo que decirte, verás... Soy gay.

—¿Tienes ahí fuera un coche deportivo último modelo?

—Mmm... No —responde el hijo extrañadísimo ante la salida de su padre. Está claro que éste prefiere cerrar los ojos ante su confesión. Insiste—: Papá, soy gay.

—¿A ti te gusta la moda italiana?

—Esto... No, papá, pero... Oye, escúchame, tengo que decirte...

—¿Eres dueño de alguna empresa o cantante o actor de éxito? —le interrumpe el padre, cambiando de tema otra vez.

—¿Adónde quieres...? —el hijo no entiende nada—: Escúchame: ¡soy gay!

—Hijo mío, escúchate tú y desengáñate. Tú no eres gay... ¡Tú eres maricón!

Un gay que estaba cansado de serlo se dirige al médico. Ya en el consultorio del doctor, éste le pregunta:

—¿Cuál es su problema, señor Bonilla?

—Estoy aburrido de ser maricón, ¿existe algún tratamiento para dejar de serlo?

—Claro que sí, bájese los pantalones que yo le arreglo ese problema.

Entonces Bonilla se baja el pantalón y el médico empieza a pasarle el dedo índice por el borde del culo a Bonilla diciendo lo siguiente:

—Por la orilla, por la orilla, que se mejore Bonilla... Por la orilla, por la orilla, que se mejore Bonilla.

Así un par de minutos, hasta que Bonilla lo interrumpe con voz temblorosa:

—Por el medio, por el medio... ¡que Bonilla no tiene remedio!

Una lesbiana va al ginecólogo. Éste empieza a revisarla y le dice:

—Vaya, ¡esto sí que está limpio!

—Sí, es que una mujer me lo arregla todos los días.

En la alcoba conyugal, la sensual esposa recibe al marido a las tres de la mañana diciéndole:

—Desabrocha mi blusa y déjala sobre la cama.

—Sí.

—Ahora el sujetador y ponlo en la silla.

—Claro.

—Deja mi falda en el ropero.

—Bueno.

—Ahora mis medias y el liguero.

—Ya está.

—¡Y que sea la última vez que te pones mi ropa, Federico!

El lesbianismo es producido por una encima... una encima de la otra.

Dos gays con mucha pluma hablan a la salida de un hospital:

—¿Qué haces por aquí, reina?

—Ay Mari, ¡que me han dicho que tengo piedras en el riñón!

—¡Aaah! ¡No! ¡Eso te pasa por irte a la cama con albañiles!

—¡Papá, papá! ¡He vivido mi primera experiencia sexual!

—¡Hijo mío!, pues siéntate y cuéntamelo.

—Como para sentarme estoy yo ahora...

Un gay en la milicia ve pasar a un tipo y le dice:

—¡Adiós, guapo!

—Pero ¿cómo que adiós guapo? —se abalanza sobre él como una fiera el teniente mayor—: ¡No ha visto estas estrellas? —le grita señalándose los galones.

—¡Ay, bueno! ¡Adiós, cielo!

Dios le da a Freddy Mercuri, Elvis y Bob Marley permiso para bajar a la tierra pero con una condición:

—Si encontráis algo que despierte vuestro deseo —dice Dios—, deberéis regresar al Cielo.

Y allá van los tres fenómenos, caminando por la acera cuando Elvis encuentra una guitarra, la coge, comienza a tocar y... *¡zaaaas!*... desaparece.

Continúan andando Bob Marley y Freddy Mercuri cuando el primero encuentra un porro se agacha para recogerlo y... *¡zaaaas!*... desaparece Freddy...

Sentado en una nube se encontraba un angelito maricón tocando su arpa y cantando boleros.

—*No sé tú... Pero yo no dejo de pensar...*

Las estrellitas del cielo ya estaban hasta las narices madre, porque el angelito, para colmo, desafinaba una barbaridad así que una ellas decidió hacerle callar.

Cogió carrerilla por el cielo y, *¡fiuuu!,* se le mete por una oreja al angelito.

Éste empieza a sacudir la cabeza, diciendo:

—¡Ay, tonta, déjame, jo, ay!

Y con mucho esfuerzo consigue desincrustarse la estrellita, que se retira a todo correr.

Vuelve a cantar el angelito maricón:

—*La puerta se cerró... detrás de tiiiii...*

Una segunda estrellita toma impulso y se le mete ahora por la boca. El angelito la escupe y le empieza a pegar con el arpa.

La estrella, para esconderse, se le mete por la cola al angelito, y éste nada más deja escapar un gemido: «Mmm...», al instante retoma el canto en lo alto de su nubecita:

—*¡Que se quede el infinito sin estrellas...!*

Un maricón llega al Cielo y se dedica a violar a todos los ángeles que pasan por su lado. Cansado de sus costumbres, Jesucristo se enfada y decide enviarlo al Infierno. Dos meses después recuerda el caso y baja a visitarlo.

Al llegar a las puertas del Infierno, ve hielo a sus pies y estalactitas colgando de los techos…

—¿Qué ha pasado aquí? —le pregunta al primer demonio que ve.

—Desde que llegó el maricón… ¡a ver quién es el guapo que se agacha a echar leña a los hornos!

GENIOS

Después de tantos chistes de genios encerrados en botellas y deseos mal aprovechados, más de uno saldría corriendo si encuentra una botella semienterrada en la arena de alguna playa...

Entra un hombre en un bar con una bolsa enorme, se acerca a la barra y pide una cerveza, el camarero, intrigado, tras ponerle la cerveza dice:

—Perdona, si no es mucha indiscreción ¿me puedes decir lo que llevas en la bolsa?

—Faltaría más —dice, y saca de ésta una boya marítima enorme.

—¿Y para qué quieres una boya tan grande?

—Es mucho mejor, porque la tiras al mar y aunque haya una tormenta brutal con olas de veinte metros, pues siempre la ves a lo lejos.

—Ah, claro —consiente el camarero—. ¿Y dónde la compraste?

—No, si fue un regalo: yo iba por la playa dando un paseo y me encontré una botella, la froté y salió un genio que me dijo que le pidiera lo que deseara, que me lo concedía...

—¡Venga ya!, ¡me está tomando el pelo!

—¡No, no, en absoluto! Aquí esta la botella —el hombre saca una botella llena de polvo del interior de su abrigo y se la tiende al camarero—: Verás, frótala.

La frota y sale un genio, que se presenta y le ofrece un deseo al camarero. Éste, emocionadísimo, grita:

—Quiero.... quiero... ¡un millón de pelas!

El genio, solemnemente, dice «Concedido», y el bar aparece lleno de velas encendidas.

El camarero no entiende nada...

—Pero...., ¡que yo le he pedido al genio pelas y me ha llenado el bar de velas!

—Nos ha jodido: ¡a ver si te crees que yo le he pedido tener la boya más grande del mundo!

GORDOS Y DIETAS

Por lo general, es difícil describir el humor como algo «políticamente correcto». Los chistes de gordos y gordas y sus luchas con la báscula y los regímenes son otro clásico del humor español y una cosa es segura: nunca empachan... Y por si fuera poco, ¡reír adelgaza!

Un niño observa cómo su padre, al salir de la ducha, se pesa en la báscula del baño. Mira el peso, le mira a él, mira otra vez el peso y dice:

—Decididamente, tengo más papá que cualquiera de los amigos del barrio.

Bueno: Tu vecina hace aerobic desnuda en la terraza.
Malo: Pesa más de cien kilos.

En el Mundial de Alemania 2006, un niño observa con curiosidad a un gordo que está al lado:

—Señor, ¿verdad que a usted lo invitaron al Mundial para servir de ejemplo como el futbolista del futuro?

—No pequeño —responde el gordo, halagado—, ¿por qué lo dices?

El niño le toca la barriga y le contesta:

—¡Pues porque ya trae el balón incorporado!

—Chica, voy a tener que someterme a una dieta estricta. Mi marido me impresionó.

—¿Por qué dices eso?

—¡Me dijo que yo tenía treinta kilos con los que él no estaba legítimamente casado!

Dos amigas:

—Pues te recomendaría que fueses a la India por vacaciones, te va a encantar.

—¿Porque es muy exótico?

—No, ¡es que allí las vacas son sagradas!

Era un hombre tan gordo, pero tan gordo, que cuando salía en televisión, salía en todos los canales.

Dos amigas se encuentran por la calle después de muchos años sin verse.

—Hombre, Aurora, cuánto tiempo. Chica qué mal te veo, has engordado mucho, ¿no?

—Pues sí, y mira que no paro de hacer dietas, ¿y tú? Con lo gorda que estabas en el colegio, ¿qué has hecho para quedarte así de delgada?

—Ya ves, empecé una dieta intensiva.

—¿Y qué dieta es ésa?

—Todo el día en mi casa sentada y a base de muslos y pan.

—Vale que me llames gorda, pero de ahí a reírte de mí...

—No hombre no, que te explico: yo me quedo en casa esperando a mi marido, y cuando llega: ¡muslo pa aquí, muslo pa allá y pan, pan, pan!

Era un señor tan gordo, pero tan gordo, que cada vez que daba la vuelta era su cumpleaños.

—Mari —le dice una mujer a su amiga—, este verano he perdido diez kilos.

—Oye, pues no se te nota nada...

—Claro, ¡porque los he perdido!

Oración para antes de la comida: «Señor, si no puedes hacerme adelgazar... haz que engorden todas mis amigas. Amén».

Era una mujer tan gorda, pero tan gorda, que para darle un abrazo por Año Nuevo tenían que comenzar en septiembre.

Dos amigas están hablando en la playa:

—¡Oh, querida, has adelgazado mucho!

—Es que mi marido me está engañando con otra y no como, no duermo…

—Entonces, ¡divórciate!

—Mmm… De momento, no. Quiero perder otros cinco kilitos…

Un tío se pone a dieta, y al llegar a casa le dice a su esposa:

—Nena, desnúdate, que vamos a hacerlo.

—¿De verdad, mi amor? Es que hace tanto que no me pones la mano encima que…

—Ya, ya, pero es que necesito algo que me quite el apetito.

¿Qué animal es capaz de perder más de 600 kilos desde que se levanta hasta que se acuesta?

—La mujer: al levantarse su marido le dice «apártate, vaca», y por la noche no para de decir «ven aquí, conejito».

Entra un gordo en la consulta y le dice al médico:

—Doctor, quiero saber si soy estéril.

Y el médico le contesta:

—No, tú tienes que ser por lo menos Obélix.

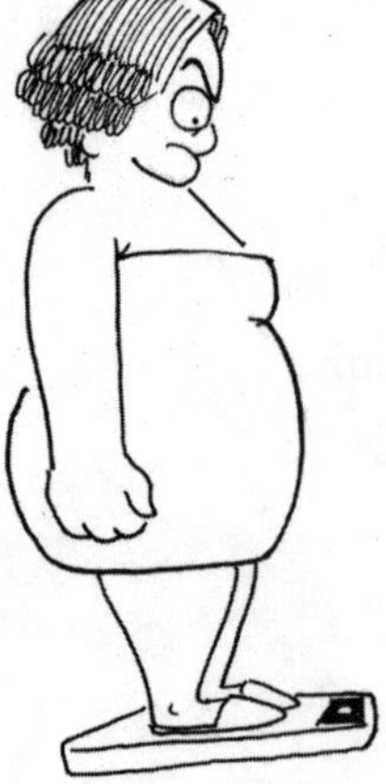

Era una mujer tan gorda, pero tan gorda, que cuando se pesaba la báscula marcaba: «Continuará…».

HIJOS

A veces los adoras, otras veces los matarías... Si tienes, muy posiblemente te veas identificado en las páginas que siguen (al menos échate unas risas a su costa). Y si no tienes y habías pensado que algún día querrías tenerlos... bueno, quizá fuese mejor que te saltases estas páginas...

En un matrimonio de mediana edad, la mujer desea tener hijos, pero su marido no quiere. Una noche, ella decide emborracharle, los dos beben y cuando están ya medio borrachos ella le lleva a la cama y hacen el amor.

Cuando terminan, la mujer le pregunta:

—Mi amor, ¿qué nombre le vamos a poner a nuestro bebé?

El marido la toma de la mano, la conduce hasta el baño, le muestra el condón que se había puesto sin que ella se enterase y, mientras lo arroja al lavabo contesta:

—¿Un nombre? Si sale de ésta lo llamamos McGiver.

> –Estas vacaciones voy a intentar algo nuevo: el perro al camping y los niños a la escuela de entrenamiento y obediencia...

Llega un padre del trabajo y pregunta:

—Hijo ¿con qué juegas?

—Con lo que me sale de los huevos.

El padre le cruza la cara y el niño sale corriendo:

—¡Mamá, mamá, ya no quiero más huevos Kinder...!

—Mira, Dani —le dice un eufórico padre a su hijo pequeño—: ¡Ya he hablado con la cigüeña para que te traiga un hermanito!

—No fastidies, papá. Habiendo tantas mujeres, ¿te tiraste a una cigüeña?

Un hombre llega a su casa después de una larga jornada laboral. Según entra por la puerta, se abalanzan sobre él sus cuatro hijos, disfrazados de vaqueros e indios con revólveres y hachas de juguete, gritando como locos y armando jaleo.

La esposa que le ve llegar dice, con un suspiro:

—Menos mal que ya estás aquí... ¡En esta casa eres el único que obedece!

—Ayer mi hijo me regaló por mi cumpleaños una estancia de un día en un balneario y esta crema para las arrugas.

—Pues me parece un detalle por su parte…

—Sí, ha mejorado respecto al año pasado.

—¿Y qué te regaló entonces?

—Las arrugas.

Los adolescentes actuales hacen lo mismo que los de generaciones pasadas: crecen, se van de la casa, se casan y tienen hijos… La única diferencia es que hoy no siempre siguen ese mismo orden.

Todos estaban mirando el álbum familiar. El más pequeño de la familia mira la foto de un hombre apuesto, delgado, moreno, y pregunta:

—Mamá, ¿quién es este señor?

—Ése es tu papá.

El niño mira de reojo a su padre, se acerca a su mamá y le susurra al oído:

—Y el calvo gordo y feo que vive con nosotros... ¿Quién es?

Una mujer está discutiendo con su marido:

—Ya estoy harta, ¡quiero el divorcio!

—Estupendo —contesta él—, pero el niño me lo quedo yo.

—De eso nada, porque no es tuyo. Es de tu amigo Jacinto.

—¿Ah, sí? ¡Pues tampoco es tuyo!

—¡Cómo no va a ser mío!

—¿Recuerdas aquel día, en la maternidad, cuando dijiste: «Mientras me ducho, cambia al niño»? ¡Pues lo hice!

—Tengo cinco hijas: Pata, Peta, Pita, Pota… y otra que últimamente no pasa una noche en casa.

Un adolescente al vendedor:
–Disculpe, señor. Si esta cazadora les gusta a mis padres... ¿Puedo devolverla?

Le dice el mosquito hijo a su madre:

—Mamá, mamá, ¿por que tenemos que visitar cada viernes esta horrible mancha en la pared?

—¡Niño!, ¡más respeto a la memoria de tu padre!

Una niña le pregunta a su madre...

—Mami, ¿de dónde salen los bebés? ¿Cómo nací yo?

La madre le contesta:

—Un día fui al jardín, corte la flor más bonita que vi, la puse en una cajita de cartón y la guardé en mi mesita de noche. Esperé nueve meses, abrí el cajón, y ahí estabas tú, mi hermosa hija.

La niña le dice:

—Ah, pues yo voy a hacer lo mismo porque quiero tener un bebé de verdad.

Entonces, la niña sale al jardín, corta una flor y la guarda en una cajita en la mesilla de noche en su habitación.

Al pasar los nueve meses, le dice a la madre:

—Mamá, ya pasaron nueve meses, voy a buscar a mi bebé.

La niña va a su cuarto corriendo, abre el cajón de la mesilla de noche y cuando toma la cajita, sale de ella una cucaracha.

La niña la mira molesta y le dice:

—Por mi madre que si no fueras hija mía, te mataba aquí mismo.

—El problema con mi hija es que no me oculta nada de lo que hace… ¡y eso me está volviendo LOCA!

Malo: Encuentras una película porno en el cuarto de tu hijo.

Peor: Tú eres el protagonista.

Malo: Tus hijos son sexualmente activos.

Peor: Entre ellos.

IGLESIA

Tampoco los miembros de la Iglesia han salido bien librados en los chistes. Curas y monjas toman un matiz mucho más mundano del que sus hábitos presentan. «Todo sea por llevar alegría al mundo...»

Después de misa, los jóvenes miembros de la congregación se reúnen a la salida y empiezan a presentarse entre ellos:

—Me llamo Pablo —dice el primero—, pero no soy apóstol.

—Me llamo Pedro —dice el segundo—, pero no soy santo.

—Bueno, mi nombre es María —dice la tercera—, y no sé qué decir...

En un Viernes Santo, un tipo llega llorando a la iglesia y le dice al cura:

—Ay, padre, he perdido todos mis ahorros esta misma tarde, jugando al póquer...

—Eso te pasa por jugar en Viernes Santo —le reprocha el cura.

—¡Lo que faltaba! Y los que me ganaron, ¿en qué día de la semana estaban viviendo?

¿Cuál es la fórmula del agua bendita?
—HDiosO.

La novicia del convento está escribiendo una carta a su confesor, Monseñor Cristiano Artea, que tan bien la había tutelado hasta la fecha:

—Querido Monseñor...

Se da cuenta de que sus palabras pueden malinterpretarse y vuelve a empezar:

—Excelentísimo Monseñor...

Recapacita; tampoco quiere dar un tono excesivamente formal a su carta.

—Señor Monseñor...

«Demasiado mundano», se dice a sí misma. Tras probar varios encabezamientos, decide que el mejor es «Don Monseñor».

Para asegurarse de no meter la pata, le pregunta a la Madre Superiora:

—Madre, ¿Monseñor se pone con Don?

—Por supuesto que se pone. Si no, ¡este convento sería una guardería!

Una chica había soñado desde pequeña con ser monja, y tras ingresar en una orden, la mandaron a un convento en un lugar remoto de Cádiz donde todo el mundo ceceaba. Cuando llegó, se quedó sorprendida al ver que los habitantes del pueblo llamaban a las monjas Zor María o Zor Tereza, con un ceceo tan peculiar que no pudo reprimir una risa inicial.

En el convento estuvo más de nueve años, hasta que llegó el día tan esperado de casarse definitivamente con Jesucristo; momento en que las hermanas eran bautizadas con su nuevo nombre.

La Madre Superiora bautizó a las recién iniciadas:

—Tú, hija, te llamarás Ana, Sor Ana... Tú, hija, te llamaras Luisa, Sor Luisa...

Y cuando le tocó a la muchacha en cuestión, le dijo:

—Tú, hija, te llamarás Rita, Sor Rita.

En ese momento la muchacha rompió en llanto. ¡Por la calle la llamarían Zor Rita! ¿Cómo podría evitar las carcajadas de los demás? Así que decidió enviar al Vaticano una carta donde imploraba un cambio de nombre.

Al cabo de unos meses le enviaron el pasaje y todo lo necesario para ir a cambiarse en el registro vaticano. Para cambiar su nombre, se realizaría una ceremonia donde ella tomaría uno nuevo al azar de una cajita.

Antes de comenzar el acto, el sacerdote que la oficiaría le explicó:

—Hija, te hemos dado la oportunidad de cambiar tu nombre ante Dios. Pero debes saber que este nuevo que tomes del papelito de la caja será el definitivo. ¡Ahí no hay vuelta atrás!

—Sí, padre —contestó Sor Rita—, estoy segura de que no habrá nada peor en esta vida que llamarse «zorrita».

—De acuerdo. Toma un nombre y encomiéndate a Jesús.

Sor Rita toma el papelito y sin leerlo se lo entrega al sacerdote.

Éste lo leyó, y con rostro agradable le dijo:

—Hija mía, de hoy en adelante serás ¡Sor Raimunda!

Una joven acude a la iglesia a confesarse:

—Padre he pecado.

—¿Qué has hecho, hija?

—El otro día me encontré con un amigo, fuimos a su casa, tomamos un café e hicimos el amor. Y como soy tan frúgil...

—Frágil, hija, se dice frágil.

—Bueno, ahí no termina la cosa, al día siguiente me pasó lo mismo con otro amigo y como soy tan frúgil...

—¡Frágil hija mía, frágil!

—Y ayer estaba con mi novio, nos fuimos a su casa y como yo soy tan... ¿Cuál es esa palabra?

—Puta, hija, se dice *puta*.

Llega un señor a la iglesia a confesarse:

—Padre, necesito que me ayude, he pecado.

—¿Qué pecado has cometido, hijo?

—Ayer en la playa le toqué los pechos a mi novia.

—Y dime, hijo, ¿se los tocaste por encima del traje de baño o por debajo?

—Por encima, padre.

—¡Qué bestia eres, hijo! ¡Si el pecado es el mismo!

Un sacerdote lleva veinte años conviviendo con una tribu de negros en lo más profundo de África. Un día, el jefe de la tribu entra en la cabaña del misionero y le dice:

—Padre, explíqueme usted, ¿cómo es posible que en esta tribu haya nacido un niño blanco?

El misionero le echa cara al asunto y le dice:

—Mira, hijo mío, esto es un fenomeno de la naturaleza que se llama albinismo: de cada diez mil niños, sale uno completamente blanco que se llama albino. Te lo voy a demostrar.

Ambos hombres salen de la cabaña y el misionero apunta a un rebaño de ovejas.

—¿Ves todas aquellas ovejas blancas? Pues fíjate que hay una negra. En ese caso, ésa es la albina.

El jefe de la tribu se queda pensativo y se gira al fin hacia el sacerdote:

—De acuerdo, padre, yo no digo nada y usted tampoco.

Dos curas hablando sobre de los gajes de su oficio:

—Pues yo he tomado tantas duchas frías para combatir la tentación… que cada vez que llueve me empalmo.

INFORMÁTICOS

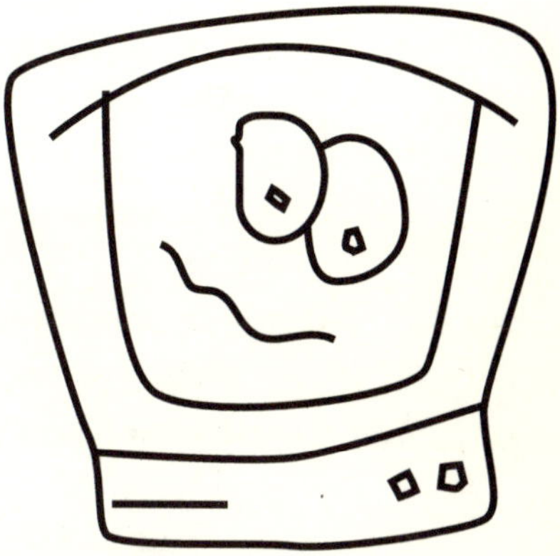

No hay que hacer un gran esfuerzo para imaginar al detalle el prototipo de informático que puebla los chistes: tímido, retraído, con gafas, pegado a un monitor y amante de las nuevas tecnologías... El homo informáticus ante la máquina diabólica.

¿Qué le dice un Pentium a un Spectrum?

—¿Tan pequeño y ya computas?

Un informático estaba reunido con sus colegas tomando un café:

—Anoche conocí a una rubia espectacular en un bar.

Y los amigos:

—¡Guaaauuu!

—La invité a que se viniese a tomar una copa en casa... ¡y ella aceptó!

—¡Guaaaauuuu!

—Bebimos un par de tragos y comencé a besarla.

—¡Guaaaaauuuuu!

—Ahí, por increíble que parezca, la rubia me dijo: «Quítate toda la ropa ya».

—¡Guaaaaaauuuuuu!

—Entonces me quité la ropa, la agarré y la desnudé completamente, la tiré sobre la mesa donde tenía mi nuevo portátil…

—¡Eeh!, ¿tienes un nuevo portátil? Y... cuenta, cuenta, ¿qué procesador tiene?

—¿De cuánto es el disco duro?, ¿cuánto tiene de memoria?

—¿Tiene Linux?, ¿pantalla TFT?

—Seguro que te costó un ojo de la cara...

Carta de una informática dejando a su novio:

Es en estos momentos en los que mi vida experimenta terribles fluctuaciones de red, cuando me veo en la obligación de decirte adiós y desinstalarte de mi sistema.

Me cuesta mucho, créeme, y sé que para borrarte de mi disco duro necesitaré mucho más que un par de formateos a bajo nivel. Pero de un tiempo a esta parte te habrás dado cuenta de que nuestra interactividad no es lo que era, en todos los aspectos. Hay que admitirlo: usamos diferentes protocolos. Nuestra vida en común tenía como punto básico el que me aseguraste ser multitarea: tú cuidarías mi core, y alimentarías mi slot y yo cuidaría nuestras homepages, haría la comida y llevaría a cabo la gestión de los recursos del sistema. Esa condición era de sólo-lectura, pero he podido comprobar que no eres mejor que cualquier beta en ese sentido y no cumples lo que prometes.

¡No soy ninguna demo y pido lo mismo a cambio! Si no estabas de acuerdo con los términos de la licencia, no deberías haber hecho click en next.

Creí que eras un Unix sólido y te quedaste colgado en el momento crucial. Me siento pirateada, crackeada, con un virus que ha destruido gran parte de mi data y quiero formatear e instalar desde cero.

No niego que hayamos tenido buenas sesiones (con o sin red) pero lo nuestro se acabó. Tal vez algún día, si me presentas una versión muy mejorada, podamos volver a intentarlo. Pero hasta entonces, trabajaré otros formatos hasta dar con aquel que llene mi core interno.

Sé que con tu interface ya debes de tener a una usuaria interesada en comprar tus derechos. Espero que no te resulte difícil la actualización, y que comprendas la razón de nuestra incompatibilidad.

Hardware: aquello a lo que puedes dar patadas.
Software: aquello a lo que sólo puedes maldecir.

Diccionario español-informático:

Mi novia me dejó: Fui dado de baja del server…

Ando con varias/os: Multitasking.

Estoy estreñido: Tengo baja impedancia de salida.

Lavado de estómago: Acoplador de Impedancias.

¡Olvidé pasar por ti, amor!: Memory failed, Low Memory.

No me contesta ni el teléfono: Bad Login, Access Denied.

¡Me dijo que sí!: Compilation Succesfull!

JUDÍOS

Tienen fama de avaros y sus costumbres dan bastante juego para los chistes... ¡Qué se le va a hacer! Lo mejor es tomárselo con el mejor humor y disfrutar de unos cuantos buenos chistes al respecto.

Un rabino tiene un hijo que se convierte al cristianismo. Cuando se entera, tiene tal disgusto que se muere de un ataque al corazón. Va al Cielo y al cabo de unos días se encuentra con Dios.

—Pues mira, Dios, estoy muy preocupado porque uno de mis hijos se ha vuelto cristiano.

—Pero si no pasa nada, hombre. Mira, yo también tuve un hijo que se hizo cristiano.

—¿Ah, sí? ¿Y qué hiciste?

—Un Nuevo Testamento.

¿Por qué los judíos se circuncidan?
—Porque las judías piden por lo menos un diez por ciento de descuento en todo.

Un emperador del Sol Naciente mandó publicar un bando anunciando la búsqueda de un nuevo jefe guerrero samurái. Para el cargo se presentaron tres candidatos: un japonés, un chino y un judío.

—¡Demuestren sus habilidades! —les exigió el emperador.

El samurái japonés abrió una pequeña caja y liberó un mosquito al aire. Sacó su catana y... *¡shic!*...: el mosquito cayó al suelo, muerto, cortado en dos pedazos.

A continuación, el samurái chino hizo lo mismo: liberó el mosquito de su caja, sacó la catana y... *¡shic, shic!*...: el mosquito cayó fulminado, dividido en cuatro partes.

Le tocó entonces el turno al samurái judío. Igual que los otros, liberó el mosquito, sacó su sable y... *¡shuushsh!*...: el mosquito soltó un chillido, pero continuó volando como si nada.

El emperador le pregunta, indignado:

—¿Qué clase de habilidad es ésa?... ¡El mosquito sigue vivo!

Y el samuraí judío le contesta:

—Mi emperador: matar un mosquito es fácil... ¡pero pruebe a circuncidarlo!

La historia de los Diez Mandamientos comenzó cuando Dios les preguntó a los griegos:

—¿Qué os parece si os doy un mandamiento?

—¿Cuál sería ese mandamiento, Señor? —replican los griegos.

—No matarás.

—No, gracias —responden—. Eso interrumpiría nuestras continuas conquistas.

Entonces Dios les preguntó a los egipcios:

—¿Qué os parece si os doy un mandamiento?

—¿Cuál sería ese mandamiento, Señor? —replican los egipcios.

—No cometerás adulterio.

—No, gracias —responden—. Eso arruinaría nuestros fines de semana.

Dios entonces les preguntó a los sirios:

—¿Qué os parece si os doy un mandamiento?

—¿Cuál sería ese mandamiento, Señor? —replican los sirios.

—No robarás.

—No, gracias —responden—. Eso arruinaría nuestra economía.

Y así Dios fue consultando pueblo por pueblo hasta llegar a los judíos, a quienes preguntó:

—¿Qué os parece si os doy un mandamiento?

—¿Cuánto costaría?

—Sería gratis.

Y los judíos le respondieron:

—¡Entonces mándanos diez...!

Cada vez que terminaba la circuncisión de uno de sus pacientes, el mohel se guardaba los pedacitos de piel extirpada.

—¿Para qué quieres los trocitos? —le pregunta un día su asistente.

—Los voy coleccionando, y luego en casa los coso unos con otros y me fabrico una billetera —responde el mohel.

—Pero hay billeteras de mejores materiales: de cocodrilo, de cuero…

—¡Ah! —responde el mohel—, ¡pero no hay ninguna otra que frotándola se transforme en portafolios!

Un inspector de la Dirección General Impositiva se presenta en una sinagoga y pide ver todos los libros de contabilidad. Después de un examen minucioso, le pregunta al rabino:

—En los libros consta que ustedes compran muchas velas. ¿Qué hacen con el sebo derretido que se acumula?

—Lo juntamos en un tambor y cuando hay suficiente lo enviamos a la fábrica de velas y ellos, de vez en cuando, nos regalan una caja de velas nuevas.

—Muy bien —dice el inspector—. Aquí veo que compran mucha matzá. ¿Qué hacen con las migas que quedan?

—Igualmente las juntamos y cuando tenemos suficiente cantidad, las mandamos a la panificación para que hagan harina de matzá y ellos, de vez en cuando, nos mandan una caja de matzot nueva.

—Bien, bien —replica el inspector—. Veo que ustedes hacen a diario bastantes circuncisiones rituales… ¿Qué hacen con los prepucios después de finalizadas?

—Los juntamos en una cajita —contesta el rabino, ya mosqueado—. Cuando tenemos suficientes los enviamos a la Dirección General Impositiva, y ellos, de vez en cuando, nos mandan un inspector a hacer preguntas.

¿Cuál es el dilema de un judío?
—Ver un cartel de rebaja en derivados del cerdo.

Moishe y Sara tenían una tienda de artículos religiosos. En los últimos tiempos las ventas habían bajado drásticamente porque la población judía del barrio se había ido mudando.

—Moishe, no estamos vendiendo bien... ¿Qué vamos a hacer?

—No sé, Sara, no sé...

—Quizás deberíamos vender artículos cristianos.

—¡Artículos cristianos! ¿Estás loca? No podemos vender artículos cristianos, somos judíos. ¡De ninguna manera!

Pasó un mes, y apenas abrieron la caja para limpiarla, así que volvió a plantearse la misma cuestión: ¿qué hacer?

—Moishe, no podemos vivir así. Tenemos que empezar a vender artículos cristianos.

—Bien —asintió él—, voy a hablar con el distribuidor.

Moishe llamó al distribuidor de artículos cristianos:

—Hola, por favor, podría mandarme cien cruces, unos cincuenta de esos botecitos de agua bendita, y de esos rosarios... mándeme otros cien.

—¡Como no, señor!, cien rosarios, cincuenta de agua bendita, y cien cruces. Perfecto. ¿Para cuándo los quiere?

—Para mañana.

—Imposible. Lo siento mucho, señor, pero en Shabat no trabajamos.

✡

Un padre judío envía a su hijo al colegio más caro de la colectividad judía, el Tarbut. Pese a sus intentos, Ismael no daba pie con bola. Mes tras mes, todo eran suspensos, hasta que el padre se cansó:

—Ismael, escúchame: si el próximo mes tus calificaciones y tu comportamiento no mejoran, te voy a mandar a un colegio católico.

Pero al mes siguiente las notas de Ismael fueron una tragedia y el padre cumplió su palabra. A través de un rabino cercano a su familia, se conectó con un obispo que le recomendó un buen colegio jesuita.

Al llegar las notas del primer mes, el padre no podía creer lo que veían sus ojos: todo sobresalientes. La misma historia se repitió al segundo mes y al tercero:

—Ismael, ¿qué es lo que pasa que te va tan bien en la escuela?... ¿Cómo ha sucedido este milagro?

—Ya ves, papá. Me presentaron a todos los compañeros y a todos los profesores y luego, una tarde, fuimos a la iglesia. Cuando entré, vi a un hombre crucificado, con clavos en las manos y en los pies y todo ensangrentado. Pregunté: «Y ése ¿quién es?», y me respondió un compañero de clase: «Ése era un judío igual que tú». Entonces me dije: «¡Joder, aquí hay que estudiar, que éstos no se andan con tonterías!».

✡

Un sacerdote católico discutía con un rabino judío sobre cuál era mejor de sus religiones.

—Una vez —dijo el sacerdote— me llamaron para una extremaunción y llovía a cántaros. No encontraba mi paraguas ni mi impermeable, así que oré a Mi Señor y salí a la calle a mojarme. Adelante, lluvia; atrás, lluvia; a mis costados, lluvia. Pero... milagro, donde yo estaba, no caía ni una gota de agua.

—Eso no es nada —replica el rabino—, lo mío fue mejor. Un sábado andaba por la calle, cuando de pronto vi en la acera un billete de cien euros. Como no podemos tocar dinero en ese sagrado día, oré a Mi Señor. Y de pronto: adelante, sábado; atrás, sábado; a mis costados, sábado, y... milagro, donde yo estaba, ¡jueves!

LEYES Y LEGULEYOS

«... Y dijo Jesús: ¡es más fácil que un camello pase por el ojo de una aguja antes que un abogado entre en el Reino de los Cielos!»... Si no era exactamente así, cualquiera lo diría después de leer lo que sigue: la explicación definitiva de los motivos que llevaron a la Justicia a arrancarse los ojos...

Un abogado muere y, misteriosamente, se presenta en el Cielo. Ahí se encuentra con que la fila de gente que espera para el Juicio es inmensa y que en la cabecera está San Pedro en persona. Ya estaba decidido a esperar una eternidad, cuando observa que el propio San Pedro se le acerca y, tomándole del brazo delicadamente, le conduce hasta un sillón muy cómodo en el comienzo de la cola:

—No se impaciente —le dice San Pedro— y descanse un rato, enseguida le atenderé. ¡Se conserva usted perfectamente!

El tipo, asombrado por tal trato preferencial y bastante mosqueado por la coletilla de San Pedro, le pregunta:

—¡Oiga! ¿Cómo es que me atienden con tanto esmero?

—Verá usted, estuve inspeccionando los talonarios con que facturaba las cuentas a sus clientes, y por la suma de las horas trabajadas calculo que debe usted de tener unos doscientos cincuenta años...

¿Quién es más generoso, un abogado o una abogada?
–Una abogada: periódicamente devuelve parte de la sangre que chupa...

Se encuentra un alumno interrogado por su catedrático de Derecho en mitad de clase:

—Señor Yniesta. ¿Podría definir usted lo que es un fraude?

—Un fraude es algo así como si usted me suspende la asignatura al final del semestre.

—¿Por qué afirma eso?

—Porque según el Código Penal, se hace reo de fraude aquel que se aprovecha de la ignorancia de otro para ocasionarle algún daño...

En una clase práctica de Derecho Civil, el profesor le dice a uno de sus mejores alumnos:

—Señor Ruipérez, si tuviera usted intención de regalarle a alguien una naranja, ¿cómo lo haría?

—Pues le diría: «Toma» —responde el alumno.

—¡No, no y no! —exclama el profesor visiblemente contrariado—, ¡piense y actúe como un abogado!

El alumno aventajado recapitula y ve la luz:

—¡Ah!, bien. Le diría: «En este acto, voluntariamente y de forma expresa, te cedo, para tu propio uso y disfrute, sin restricción alguna, todos mis derechos sobre esta naranja en todas sus partes, y en todo cuanto le fuere inherente, incluyendo la piel, la pulpa, el jugo y las pepitas, quedando bien entendido que podrás morderla, cortarla, congelarla o ejercitar cualquier otra acción, con facultad de cederla a un tercero, en todo o en parte, con pepitas o sin pepitas, y para que conste, a los efectos oportunos...».

Se encontraba Moisés leyendo a su pueblo los Diez Mandamientos:

—Noveno mandamiento: no desearás a la mujer del prójimo.

Ante estas palabras, comienza a oírse la protesta general del pueblo. Moisés, que lo oye, aclara:

—Amigos, amigos, eso dice la ley... ¡Esperemos a ver qué dice la jurisprudencia!

La noche de bodas, en la habitación nupcial, la novia le dice a su recién estrenado marido:

—Por favor, mi amor, sé delicado. Tengo que confesarte algo: soy virgen...

El hombre se queda perplejo, porque él ya sabía que ésa era la séptima boda de su esposa, así que le pide explicaciones.

—Mi primer marido era psiquiatra: sólo quería conversar sobre el sexo... Mi segundo marido era ginecólogo: sólo quería examinar el local... Mi tercer marido era coleccionista de estampillas: sólo le interesaba lamer... Mi cuarto marido era jefe de ventas: decía que conocía el producto, pero no sabía cómo utilizarlo... Mi quinto marido era funcionario público: aseguraba que comprendía perfectamente cómo era, pero no tenía la certeza de que fuera competencia suya... Mi sexto marido era técnico en electrónica: decía que si funcionaba, mejor dejarlo tranquilo y no meterse con él.

—¿Has oído hablar del nuevo procesador de textos para abogados? No importa lo que hagas, todo sale escrito en arameo y en letra pequeña.

Al llegar a este punto la mujer hace una pausa y le mira con ojos suplicantes:

—... Así que al conocerte supe que casándome contigo hacía lo correcto. Eres abogado: ¡estoy totalmente segura de que tú sí me vas a joder!

Una vieja solterona consulta a un abogado para hacer su testamento. Él le pregunta:

—¿Cuáles son sus propiedades y cómo desea distribuirlas entre sus allegados?

—Aparte de esta casa, tengo una cuenta de ahorros con cien mil euros.

—¿Y qué piensa hacer con el dinero?

—Bueno, he llevado una vida muy recluida. La gente del barrio no sabe ni quién soy. Me gustaría apartar cincuenta mil para un funeral por todo lo alto.

—Muy bien, pero, dígame, ¿qué piensa hacer con la otra mitad?

—Pues como nunca me he acostado con un hombre, quiero emplear el resto del dinero en conseguir un hombre que se acueste conmigo. ¿Usted cree que me podría conseguir a alguien?

Esa noche, cuando el abogado le contó a su esposa la extraña petición de su nueva clienta, ella le insinuó lo mucho que podrían hacer con cincuenta mil euros. Después de convencerlo, acordaron que él iba a ganarse ese dinero, no sin antes advertirle:

—Te voy a llevar a la casa de la solterona mañana tempranito, y te voy a esperar hasta que termines.

La mañana siguiente, la mujer lo llevó a la casa de la solterona y ella aparcó en la puerta. Pasaron tres horas y como el esposo no salía, la mujer, desesperada, comenzó a tocar el claxon. En esto el esposo se asoma por la ventana y le grita:

—¡Ven a buscarme mañana, ya la convencí para que la entierren en una fosa común!

El juez:
-Señor abogado, hemos tenido que aplazar la vista, porque, según parece, se levanta usted un poco tarde.
Abogado:
-Es que yo no tengo la suerte de poder dormir aquí.

Llega un abogado a la celda del prisionero sentenciado:

—Le traigo dos noticias, una buena y otra mala. La mala es que mañana tempranito lo van a eletrocutar.

—¿Y la buena?— pregunta el detenido esperanzado.

—La buena es que conseguí que bajaran el voltaje.

Un granjero demandó a una empresa de autobuses por las lesiones que sufrió en un accidente. En el juicio, el abogado de la empresa le pregunta:

—¿Acaso no le dijo usted al policía que se acercó a interrogarle minutos después de la colisión que se encontraba «perfectamente»?

—Déjeme explicarle lo que pasó. Yo llevaba a mi yegua en el platón de la camioneta...

—¡No le pedí detalles! Limítese a responder la pregunta: ¿le dijo usted, sí o no, al policía que le ayudó que estaba «perfectamente»?

—Como le venía diciendo, llevaba a mi yegua en el platón de la camioneta y de pronto apareció un autobús de esta empresa y...

—¡Señor juez, estoy tratando de demostrar que esta persona le dijo a un policía que estaba «perfectamente», justo después del accidente! Ahora, después de varias semanas, él demanda a mi cliente y eso se llama fraude. ¡Por favor, dígale que responda la pregunta!

Malo: Tu esposa quiere el divorcio.
Peor: Es abogada.

El juez le explica al abogado que está interesado en escuchar la historia del granjero y le pide a éste que continúe:

—Pues yo llevaba a mi yegua en el platón de la camioneta y de pronto, en un cruce, me topé con un autobús que se saltó la señal de stop y me estrelló de lado. Yo quedé paralizado por el golpe y la impresión, pero escuchaba que mi yegua gemía como loca, presa del dolor. Unos minutos después, llegó la patrulla de policía y un agente se bajó alarmado por los gemidos de mi yegua. La examinó y finalmente sacó su arma y le pegó un tiro en medio de los ojos. Luego, vino hasta mí y me dijo: «Su yegua estaba muy mal y tuve que pegarle un tiro para que no sufriera... ¿Usted cómo se siente?».

—Estoy empezando a pensar que mi abogado está demasiado interesado en hacer dinero.

—¿Por qué dices eso?

—Escucha esto que pone en su factura: «Por despertarme en la noche y pensar acerca de su caso: cincuenta euros».

En un juicio por el asesinato de un alumno en el instituto, le pregunta el juez al único testigo, el profesor de Lengua y Gramática:

—Dígame, entonces, ¿quién asesinó al sujeto en cuestión?

El profesor, sin pensarlo dos veces, responde:

—Pues pregúntele usted al verbo, hombre.

Dos abogados han quedado para comer, y uno de ellos se retrasa considerablemente. Cuando llega, al fin, le pregunta el otro:

—Pero bueno, ¿qué te ha pasado?

—Es que he atropellado una botella de leche y se me pinchó una rueda.

—¿Qué pasa?, ¿no la viste en la carretera?

—No, el niño la llevaba debajo de su abrigo.

LOCOS

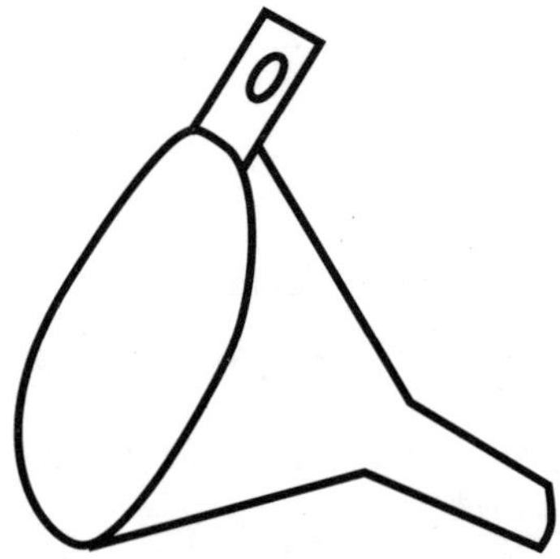

Ya decía Aristóteles que no hay genio sin un grano de locura. En cualquier caso, los manicomios son cantera interminable de chistes pasados de rosca. Genialidad o locura, quién sabe, pero siempre los más absurdos y disparatados chistes son los de locos geniales.

En un manicomio, un loco llama a la puerta de otro paciente. *Toc, toc, toc.*

Desde dentro se oye:

—¡No estoy!

—Vaya… Pues menos mal que no he venido.

Una pareja de internos en el manicomio:

—María, ¿te quieres casar conmigo?

—¿Tú estás loco?

—¿Y tú?, ¿estás aquí de vacaciones?

—Dios me ha dicho que soy el mejor…

—¡Mentira! ¡Yo jamás he dicho eso!

Esto eran dos locos en un manicomio y uno le dice al otro:

—Oye, ¿a que no eres capaz de subirte por la luz de la lámpara?

—Sí, claro, qué listo… Para que luego tú apagues la luz y yo me caiga.

Está un loco escribiendo una carta, cuando llega un celador y le pregunta qué hace:

—Escribo una carta —contesta el loco.

—¿Para quién?

—Para mí.

—¿Y qué dice?

—No sé, ¡aún no la he recibido!

Psiquiatría: único negocio del mundo en el que el cliente nunca tiene la razón.

Alberto y Alicia son ambos pacientes en un manicomio. Un día, mientras caminaban cerca de la piscina del hospital, él saltó inesperadamente y cayó hasta el fondo, donde permaneció inmóvil. La mujer se zambulló para salvarlo, nadó y lo sacó.

Cuando el director del hospital se enteró de su acto heroico, ordenó que se le diera de alta del hospital, pues consideraba que estaba mentalmente estable.

—Alicia, tengo dos noticias... una buena y otra mala. La buena es que ya te dimos de alta, porque al meterte a la piscina y salvar la vida de otro paciente has demostrado que eres capaz de responder con cierto raciocinio ante una crisis, y tanto tus doctores como yo llegamos a la conclusión de que ya estás mentalmente sana y puedes abandonar el hospital —preocupado por su reacción, prosigue el director, con tono serio—: La mala noticia es que aquel paciente a quien sacaste de la piscina se colgó en el baño con el cinturón de su bata... momentos después de que le salvases la vida. Lo siento mucho, Alberto está muerto.

—Qué cosas me dice —contesta ella muy sorprendida—. ¡No se colgó! ¡Lo tendí yo para que se secara!

En el patio de un manicomio se encontraba un grupo de internos que se reían a intervalos. El director que hacía sus rondas se acerca curioso para ver qué estaba sucediendo. Al acercarse, ve que un loco dice un número:

—¡Doce!

E inmediatamente el resto del grupo comienza a reírse. Al acabar las carcajadas, otro de los del grupo dice otro número:

—¡Treinta y siete!

Y de nuevo el mismo resultado: el grupo estalla en carcajadas.

—¿Qué pasa aquí? —pregunta el director, intrigado.

—Estamos contando chistes —le explica uno de los pacientes.

—¡Pero si sólo están diciendo números!

—Es que nos sabemos tantos, que los hemos numerado para ahorrarnos el tiempo de contarlos.

Calibrando esta explicación, el director decide probar su suerte y dice:

—A ver... ¡Dieciocho!

Silencio absoluto... Anonadado, vuelve a intentarlo.

—¡Veintidós!

La misma silenciosa reacción. Desesperado, comienza a decir números al azar, uno tras otro, sin lograr sacarle a ninguno de sus internos la menor sonrisa, hasta que por fin les pregunta:

—Pero ¿qué pasa? ¡Les he contado varios chistes y nadie se ríe!

—¡Es que los cuenta con más poca gracia...!

¿Qué es lo mejor de la locura paranoico-esquizofrénica?
–Que uno nunca está solo...

MACHISTAS
(ELLOS CONTRA ELLAS)

Mujeres que estáis a punto de enfrentaros a la otra cara de la batalla de sexos... ha llegado vuestro turno y se repite el consejo: coged aire y recordad que la risa siempre es la mejor defensa. Ésta es la segunda parte de una lucha que lanza proyectiles como los que siguen...

—Tío, ¿tú sabías que la cerveza tiene hormonas femeninas?

—No te creo.

—Que sí, fíjate: si bebes demasiado, empiezas a hablar mucho y conduces peor el coche…

♂

¿Por qué las mujeres tienen cuatro labios?

—Dos para decir gilipolleces y otros dos para arreglarlas.

♂

¿Qué hace una mujer entre la secadora y la lavadora?

—Una foto de familia.

♂

Un hombre y una mujer entran en un ascensor. Los dos van al mismo piso: al décimo. Cuando aún van por el quinto, la mujer le da al stop, se acerca al hombre y le susurra con voz sugerente:

—¡Hazme una mujer!

El hombre se quita los pantalones, se los da y dice:

—¡Plánchamelos!

♂

La NASA ha enviado al espacio la misión DELTA 4321, misión experimental tripulada por dos simios y una mujer. Los siguientes son extractos de la comunicación entre el control de Tierra ubicado en Houston y la tripulación.

¿Qué es una mujer embarazada de mellizas?
—Un kit de limpieza.

—Houston a Simio Uno: Simio Uno, verifique sistemas hidráulicos, verifique adecuada presión en los propulsores de arranque e indicadores de desgaste en el fuselaje, a sesenta mil pies disminuya un 25% en la velocidad de arranque.

El simio hace una señal de ok.

—Houston a Simio Dos: Simio Dos, nivele velocidad al cruzar la estratosfera y active sistemas anticongelantes. No olvide monitorear cada quince minutos sistemas de comunicación e indicadores de presión. Revise computadoras uno, dos, tres y cuatro. Notifique cualquier actividad anormal.

El simio hace una señal de ok.

—Houston a Mujer: no se olv...

—Mujer a Houston: Sí, sí, sí. ¡ya sé! ¡Que no me olvide de ponerle la comida a los monos y que no toque nada!

♂

¿Qué es lo más inteligente que ha salido de la boca de una mujer?

—La polla de Einstein.

♂

¿Cómo se llama la modalidad del tenis en la que en cada lado de la pista hay una mujer y un hombre?

—Individual masculina con obstáculos.

♂

¿Por qué las mujeres no pueden ser curas?

—Porque no sabrían mantener el secreto de confesión.

♂

¿En qué se parecen las mujeres a las hormigas?

—En que si les tapas el agujero se ponen como locas.

♂

Son las dos de la tarde y una mujer va conduciendo. De repente, otro conductor se salta un stop y choca contra ella. ¿Quién tuvo la culpa?

—La mujer. A esa hora ya tendría que estar haciendo la comida.

♂

Una mujer y un hombre saltan desde un décimo piso, ¿quién llega primero al suelo?

—El hombre. La mujer va preguntando: «¿Es por aquí?, ¿es por aquí?».

¿Por qué Dios le quitó una costilla a Adán cuando creó a la mujer?
—Para que se fuera acostumbrando al desembolse diario...

♂

Si los científicos realmente quisiesen acabar con el hambre en el mundo, investigarían cómo es posible que una mujer sea capaz de convertir un kilo de helado en cuatro kilos de grasa...

♂

¿Por qué tienen las mujeres cuatro neuronas?

—Una para cada fogón de la cocina.

♂

¿Cuál es la última botella que abre una mujer en una fiesta?

—La de Fairy.

♂

¿Qué habría ocurrido si en lugar de tres Reyes Magos hubieran sido tres Reinas Magas?

Desde luego, habría preguntado cómo llegar al portal, habrían llegado a tiempo, habrían ayudado en el parto, habrían limpiado el establo, habrían llevado regalos más prácticos y al despedirse les habrían dejado una olla con comida para los siguientes tres días; pero... ¿qué habrían comentado al irse?

—¿Has visto qué sandalias llevaba María con esa bata?

—El Niño no se parece nada a José.

—¿Virgen? ¡Ja! Si la conozco desde el colegio...

—¿Te puedes creer que tengan a todos esos asquerosos animales viviendo en la casa?

—Me han contado que José está en el paro.

—¿Qué te apuestas a que no te devuelven la olla?

¿Cuál es el astro más cercano a las mujeres?
–El astropajo.

♂

Diez ventajas de haber nacido hombre:

1. Para vacaciones de cinco días sólo se requiere una maleta.
2. En las peluquerías no te roban.
3. Mientras haces zapping, no tienes que parar cada vez que ves a alguien llorando.
4. Todos tus orgasmos son reales.
5. No tienes que afeitarte del cuello para abajo.
6. Puedes escribir tu nombre en la nieve (meando).
7. Puedes comer una banana o un helado en lugares públicos tranquilamente.
8. La cera caliente nunca se acerca a tu zona púbica.
9. Puedes comprar profilácticos sin que el dependiente te imagine desnudo.

10. Si alguien aparece en una fiesta con tu misma ropa, puedes llegar a hacerte su amigo.

♂

¿Por qué la Estatua de la Libertad es una mujer?

—Porque necesitaban tener el espacio del cerebro vacío para construir el mirador.

♂

Las mujeres dicen que algunos hombres somos machistas... Pero ¡más machista era Dios, que las hizo inferiores!

♂

¿En qué se parece la mujer a la dentadura?

—En que aunque tengas pasta y te la cepilles un par de veces al día antes o después te acabará dejando colgado.

♂

¿Qué son veinte mujeres oreja con oreja?

—Un túnel de viento.

MAMÁ, MAMÁ

La fiera se aproxima sigilosamente a su presa, que continúa con sus actividades ajena y desconocedora de la que se le viene encima. El tiempo se detiene. Ya no hay posibilidad de escapatoria. Con dos palabras articula su ataque... «Mamá, mamá...»

—Mamá, mamá, ¿cuál es la definición de paranoico?

—Probablemente crees que no lo sé y me quieres pillar, ¿no?

—Mamá, mamá, ¿cuál es la definición de hostilidad?

—Una pregunta más y te mato, ¿me oyes, enano?

—Mamá, mamá, ¿cuál es la definición de amnesia?

—¿Qué me has preguntado?

Niño siciliano que vuelve a casa:

—Mamá, mamá, hoy me ha preguntado el maestro en clase.

—¿Y qué tal?

—¡No he dicho nada, no he dicho nada!

—Mamá, mamá, Dani me ha mordido la oreja.

—Dani, deja en paz la oreja de la niña...

—...

—¡Dani! ¡Déjala en paz, te digo!...

—...

—Muy bien, Dani, dame esa oreja ahora mismo, dámela...

—Mamá, mamá, ¿a quién le está sacando papá la lengua?

—A los que lo ahorcaron, hijo. A los que lo ahorcaron.

—Mamá, mamá, ¿es verdad que todos los niños tenemos dos papás y dos mamás?

—Anda hijo, que además de bizco pareces tonto.

—Mamá, mamá, ya tengo trece años, ¿por qué no me compras un sujetador?

—No.

—Venga, mami, cómprame un sujetador.

—No.

—Jo, mami, que ya tengo trece años.

—Que te he dicho que no, Álex.

—Mamá, mamá, ¿cuando nos morimos nos transformamos en polvo?

—Sí, hijo.

—Pues debajo de mi cama hay un cementerio.

—Mamá, mamá, ¿me cuentas un cuento?

—Espera a que llegue tu padre y verás como nos lo cuenta a los dos.

—Mamá, mamá, en el colegio me llaman playboy.

—¿Play qué?

—Que no repito, nena.

—Mamá, mamá, en el colegio me llaman esquizofrénico.

—No te preocupes, hijo, eso son cosas de los niños, la edad...

—¡¡ESO NO ES UNA RRRRESPUESTAAAA!!

—Mamá, mamá, en la escuela me dicen que estoy loco.

—¿Quién te dice eso, hijo?

—Las ardillas, mamá, las malditas ardillas.

—Mamá, mamá…

—¡A VER! ¡¡QUÉ RAYOS TE LLAMAN AHORA LOS DEL COLEGIO!!!

MATASANOS

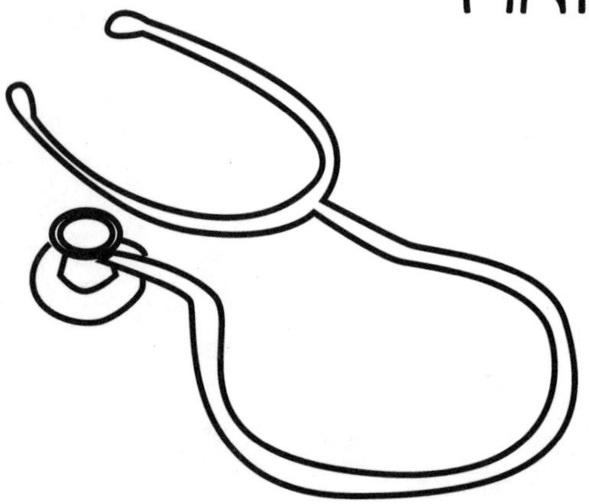

Te duele algo y decides acercarte a la consulta del médico... Si vivieras en un chiste, ése sería, muy probablemente, tu último error. Seis años de carrera y otros tantos de prácticas, y a los pobres doctores el espejo del humor les devuelve una imagen de chapuzas, de faltos de tacto, de peseteros... ¿Así quién no terminaría un poco loco?

Un matrimonio sueco, los dos rubios y con ojos azules, con sus respectivos cuatro padres rubios y con ojos azules, y sus respectivos ocho abuelos rubios y con ojos azules, tienen un niño, negro de piel, moreno de pelo y con los ojos como el carbón.

El padre, tremendamente mosqueado, se hace la prueba de paternidad, y tres días después acude a la consulta del doctor para recoger los resultados de la prueba.

—Señor Erikson, le confirmo que el hijo que acaban de tener usted y su mujer es suyo.

—¡Pero es negro, doctor! ¿Cómo puede explicarlo?

—Estamos ante un evidente caso de enfermedad de Kodak, esto es, coño grande, polla pequeña, entra la luz y se vela el niño.

–Doctor, ¿qué tengo?
–No se preocupe más, amigo: cualquier duda la aclararemos en la autopsia.

Tras realizar una operación de varias horas, un médico se encuentra con otro en el pasillo de quirófanos.

—Sin duda ha sido el peor error que he cometido en toda mi carrera —le dice uno al otro.

—¿Murió en la operación?

—Al contrario: por fin un millonario entra en mi consulta y yo le curo en una sola visita…

Un hombre está en la mesa de operaciones, a punto de ser operado por su propio hijo, cirujano. Medio adormecido ya por la anestesia, se dirige a él:

—Hijo, hazlo sin ningún tipo de presión..., con tranquilidad..., y todo saldrá bien. Piensa únicamente en que si algo me pasa a mí..., tu madre irá a vivir contigo...

En la consulta, el paciente le muestra a su médico los resultados de sus análisis. El médico los analiza con cara de preocupación y le dice:

—Pues vamos a tener que mandarle hacer una plaquita…

—¿De tórax, doctor?

—No… De mármol.

Llega a urgencias un paciente, víctima de un accidente de tráfico...

—Doctor, por favor, sea sincero, claro y directo. ¿Voy a perder la pierna?

Y el médico le contesta:

—Eso no lo sé, caballero, yo se la voy a entregar en una bolsita y, si usted la pierde o no cuida dónde la deja es problema suyo.

Un hombre con un enorme deseo de ser padre acude al hospital para buscar solución a su problema.

—Doctor, quiero ser padre, pero hay algo muy grave que me lo impide.

—Cuénteme, yo soluciono cualquier problema de fertilidad.

—Verá usted, es que tengo un testículo de madera y el otro de metal.

—No se preocupe que todo tiene solución. Hace varios años, uno de mis pacientes vino con el mismo problema y se lo solucioné: tuvo dos niños. Es más, quedó tan agradecidos, que viene regularmente con ellos de visita. ¿Quiere que se los presente?

—¡Por supuesto!

—¡Pinocho, Robocop, venid que este señor quiere conoceros!

Un doctor hablando con su paciente:

—Usted y yo tenemos mucho en común.

—¿Ah, sí? ¿Y eso, doctor?

—Yo soy cáncer con ascendiente en libra... ¡Y usted no se libra de un cáncer ascendente!

Consulta del psicólogo...
—Señora, en la próxima sesión será importante que analicemos el inconsciente.
—Doctor, sinceramente creo que va a ser difícil que el desgraciado de mi marido quiera venir conmigo.

Una enfermera habla con un paciente, mientras le lleva en la camilla camino del quirófano:

—Pero ¿por qué tiembla usted tanto?

—Es que he oído que la otra asistente de la operación decía que una apendisectomía es muy sencilla y que no había por qué estar nervioso y que todo iba a salir bien.

—Pues claro, todo eso se lo dijo para tranquilizarle, porque es verdad.

—No, no, si es que no me lo decía a mí... ¡se lo decía a mi cirujano!

Un hombre va preocupado al doctor por un extraño malestar. El doctor le examina, le hace varios análisis y le dice que tendrá en poco tiempo los resultados.

Unos días más tarde, el hombre recibe una llamada del doctor, que le dice:

—Perdone mi curiosidad, pero ¿de qué signo es usted?

—Cáncer... ¿Por qué? —responde el paciente.

—¡Anda, mire qué coincidencia!

–Doctor, tengo tendencias suicidas, ¿qué hago?
–Págueme ya mismo.

—Doctor, esta cirugía plástica total en el rostro, ¿no me dejará desfigurada?

—Por supuesto que no, señora, soy uno de los mejores especialistas.

—Muchas gracias doctor, seguramente mañana, después de la operación, me reiré de todo esto... —replica la mujer, tratando de tranquilizarse.

—¿Reírse? ¿Sin labios?

Una enfermera va por el hospital empujando una camilla. El paciente está palidísimo, va agarrado a la baranda con cara de pánico, y le pregunta casi entre lágrimas:

—Por favor, ¿no podría llevarme usted a urgencias?

—Ya le he dicho antes que no. Si el doctor dice que al depósito de cadáveres, es al depósito de cadáveres.

—Doctor, creo que estoy muy grave: tengo líquido en las rodillas, mis cataratas empeoran, me da la gota a menudo y todo apunta a un derrame cerebral. ¿Qué puedo hacer?

—Le recomiendo que consulte a un fontanero…

Un pareja va al ginecólogo. Habla el marido:

—Mire dostor, es que tenemos un problema, es que mi mujer y yo queremos tener condescendencia, y como durante años practicamos el córpore insepulto ya no sabemos si es que soy omnipotente o mi mujer es histérica...

»... Antes hemos ido a otro dostor y nos dijo que mi mujer tenía la vajilla rota y la emperatriz subida, y, como además, la operaron de la basílica balear, no sabemos si eso puede influir, y también a mí hace años me operaron de la protesta y a lo mejor me han dejado escuelas en el cuerpo...

—Ser hipocondríaco es la única enfermedad que no tengo.

»... Nos recomendaron ir a un médico de Boston, que era muy bueno, y mire, en cuanto entramos en la consulta vimos que hasta tenían allí dos ordeñadores conestados a una antena paranoica. En cuanto entramos, a mi mujer le hicieron una coreografía y el médico nos dijo que no veía nada raro.

»Entonces nos recomendó que hiciéramos el cojito, quince días ella y quince días yo haciendo el cojito, dostor, pero nada de nada...

»... Nos volvimos para acá y otro dostor nos recomendó hacer vida marítima y nos fuimos de Vigo a Bilbao y en todas las playas hacíamos vida marítima, pero nada. Además, mi mujer hace tiempo tuvo un alboroto y le nació el féretro muerto, y, a lo mejor eso ha influido. Pero yo creo que mi mujer es frigorífica, porque nunca llega al orégano.

Y contesta el ginecólogo:

—Me parece que usted lo que tiene es un problema de especulación atroz.

Está un médico dentro de su consulta, con su bata blanca a medio desabrochar, sentado en la silla y lamentándose con la cabeza entre las manos. Acaba de tener sexo con su paciente y al recordarlo, la conciencia le grita:

—¡Pero cómo has hecho algo así!, ¡qué vergüenza, Adolfo, qué vergüenza!, ¡toda tu ética profesional tirada a la basura!

–Doctor, sufro tanto con esta enfermedad que hasta preferiría morirme.
–Señora, ha hecho usted muy bien viniendo a verme.

El hombre está hecho polvo. Lleva ya un buen rato culpándose de sus actos, cuando de pronto ve que sobre su hombro izquierdo aparece un diablillo, tridente incluido, que le dice muy calmado:

—Escúchame, Adolfo, deja de lloriquear, no seas nenaza. Hay miles de médicos en el mundo que tienen sexo con sus pacientes. ¿Pensabas que eras el único? No le des más vueltas, hombre, si es lo más natural...

El médico, convencido, asiente mucho más tranquilo:

—Es verdad, tampoco he hecho nada malo...

Según termina de decir esto ve que sobre su hombro derecho aparece un angelito, corona y alas a la espalda incluidas, que le replica al oído:

—Recuerda que eres veterinario, mamón, ¡ve-te-ri-na-rio!

Una pareja que va de paseo decide, en plena calentura, meterse a un cementerio hacer el amor. Él pone a la chica sobre una lápida y empieza a darle a la faena. Después de un rato, terminan y deciden irse.

Al día siguiente, la muchacha tiene unos dolores terribles en la cintura y la cadera pero no hace mucho caso, hasta el tercer día, cuando ya no aguanta el dolor y decide ir a visitar al doctor.

Ya en la consulta, el doctor le pide que se desvista y se tumbe boca abajo en la camilla para examinarla. Al terminar la revisión, le pregunta con voz temblorosa:

—Y dígame, señorita, ¿cuántos años tiene usted?

—Tengo 25, ¿por qué?, ¿es algo grave?

—No lo sé, pero en sus nalgas dice que usted murió en 1820…

MATRIMONIOS

Escenario donde destiñen los príncipes azules y las princesas de cuento se transforman en brujas. He aquí los lances del matrimonio, primera causa de divorcios y, desde luego, el camino más seguro para aprender a valorar la soltería.

Una mujer decide sorprender a su marido por el veinte aniversario de su matrimonio. Así que, con los pechos ya caidos pero con mucha ilusión, se viste de lencería fina, con medias, ligas y tacones de aguja incluidos, entra insinuante en la habitación y se planta frente a su marido que está tirado mirando la televisión:

—Cariño —dice la mujer—, ¿recuerdas cuando nos casamos, un día como hoy, hace veinte años? Me dijiste: «Te voy a comer los pechos hasta secártelos, te voy a tocar las caderas hasta que se te caigan, te voy a hacer el amor hasta que te vuelvas loca»... ¿Y hoy no tienes nada que decirme?

El marido la mira de arriba abajo y le dice:

—¡Misión cumplida!

Era verano y hacía un calor tremendo. Cincuenta grados a la sombra. El marido sale del baño y le dice a su esposa:

—No sé qué hacer... Tengo que cortar el césped porque nos va a ahogar, pero con este bochorno... ¿Qué crees tú que dirán los vecinos si salgo en pelotas?

La mujer lo mira y responde:

—¡Que probablemente me casé contigo por tu dinero!

Horrible: que a tu mujer se la lleve una ola en la playa.
Horripilante: que el mar te la devuelva.

Pepe se despierta en casa con una resaca monumental. Se esfuerza en abrir los ojos, y lo primero que ve es un par de aspirinas y un vaso de agua, la ropa planchada frente a él. Antonio mira alrededor de la habitación y ve que todo está en perfecto orden y limpio. El resto de la casa está igual. Toma las aspirinas y recoge una nota sobre la mesa: «Cariño, el desayuno está en la cocina, salí temprano para hacer unas compras. Te quiero».

Así que va a la cocina, y cómo no, ahí está el desayuno y el periódico del día esperándole. Su hijo también está en la mesa:

—Hijo, ¿qué pasó ayer por la noche? —pregunta Pepe.

—Pues volviste a las cinco de la madrugada, borracho como una cuba y con delirios. Rompiste algunos muebles, vomitaste en el pasillo y se te puso un ojo morado cuando te diste contra la puerta.

Confundido, Pepe prosigue:

—¿Y cómo es que todo está tan limpio y ordenado, y el desayuno esperándome en la mesa?

—Mamá te arrastró hacia el dormitorio y cuando intentó quitarte los pantalones, tú gritaste: «¡Señora, déjeme en paz, soy un hombre casado!».

Una resaca autoinducida - 100 euros
Mobiliario roto - 200 euros
Desayuno - 10 euros
Decir la frase adecuada… No tiene precio

Se dice que el matrimonio es tan buen negocio… que al año ya se tienen montadas varias sucursales.

¿Cuál es la diferencia entre casar y cazar?

—Cazar: es cuando matan a los animales.

—Casar: es cuando los animales se matan solos.

Una pareja discutía airadamente en la calle:

—¡Estoy harto de ti, no vales nada y todo el mundo lo sabe!

El señor hace señas a un taxista que se detiene frente a ellos.

—¿Cuánto me cobra hasta el aeropuerto?

—Hasta allá... Son sesenta euros.

—¿Y con mi mujer?

—Hombre, pues lo mismo.

—Ya lo ves... querida, ¡no vales nada!

—¿Te has enterado ya de la desgracia de Zacarías?

—No, ¿qué le pasó?

—Se fugó con mi esposa...

El matrimonio suele evolucionar como la tecnología:

1. Etapa casete: ella queda encinta.

2. Etapa CD: él cede en todo.

3. Etapa DVD: dividí la casa, dividí el tiempo con los hijos, dividí los ahorros...

Un matrimonio está en un restaurante cuando el marido dice a su esposa, todo orgulloso:

—Mira, la chica del vestido rojo me está sonriendo.

—Bah —contesta ella—, la primera vez que te vi, yo también me partí de risa.

Un marido llega tarde a casa y salta rápidamente a la cama.

—Déjame tranquila —le detiene su mujer—, me duele la cabeza.

—Pero bueno, ¿qué os pasa hoy a todas?

—¡Chico!, ¿qué te pasa que vas tan magullado? —pregunta un ladrón a su colega.

—Pues mira, que anoche entré en una casa a oscuras y la mujer la emprendió conmigo a golpes hasta que encendió la luz.

—¿Hasta que encendió la luz?

—Sí. Entonces me dijo: «¡Vaya!, perdone, le había confundido con mi marido».

Después de una pelea, el marido se dirige a su mujer:

—¿Sabes?, fui un estúpido cuando me casé contigo.

—Sí, querido —responde ella—, pero yo estaba enamorada y no lo noté.

Adán y Eva paseaban por el Paraíso y Eva le preguntó:

—Adán, ¿me amas?

Y Adán refunfuñando le dijo:

—¿Tengo alguna otra alternativa?

Bigamia: tener una esposa de más...
Monogamia: léase la definición anterior...

Una mujer de treinta años le cuenta a una amiga cómo están yendo sus primeros meses de casada con su recién estrenado marido, un hombre de setenta años:

—Es todo un caballero... Me trae flores todos los días, me regala bombones, me lleva de paseo, fuimos de vacaciones a Hawai, me compra ropa todas las semanas, me invita al cine, al teatro, de cenas en los mejores restaurantes, joyas...

—¿Y en la cama? —pregunta la amiga.

—En la cama, hacemos el tratamiento.

—¿Qué tratamiento?

—Él trata y yo miento.

—Pues la postura favorita de mi mujer en la cama es la del pez?

—¿La del pez? Ésa no me la conozco.

—Sí, hombre... Se da la vuelta, ¡y nada!

Un hombre casado a un amigo:

—Me casé con Felisa hace veinte años. Al principio la besaba y abrazaba tanto, que ella temía que la asfixiara.

—¿Y ahora?

—Ahora creo que eso es justo lo que voy a hacer.

Un matrimonio va paseando por la calle cuando se encuentra con un amigo.

—¡Hombre! Cuánto tiempo sin veros —les dice éste—, ¿qué tal estáis?

—Pues no muy bien —contesta el marido—, tengo sida y los médicos no me dan más de un año de vida.

Después de eso, el entusiasmo decae, como es lógico, y a los tres minutos el amigo ya ha seguido su camino, acongojado.

La mujer, que ha observado la conversación con los ojos como platos, se gira hacia el marido:

—¡Pero Pepe! ¿Cómo le dices a la gente que tienes sida, si tú lo que tienes en realidad es un cáncer de pulmón?

—Yo me voy a morir —contesta él—, ¡pero a ti no te va a querer follar ni Dios!

MILITARES

Esos desfiles engalanados, esas pecheras recubiertas de galones y estrellas, ese paso marcial, esas instrucciones pedestres, esas vestimentas de camuflaje, esa posición de armas al hombro (¡ar!)... Hay que reconocer una cosa: serán valientes, disciplinados, atléticos y todo lo que quieras, pero sobre todo dan un juego para los chistes...

En mi ejército —dice el sargento—, todos han de tener las cosas muy claras. Usted, soldado, ¿qué siente al ver ondear la bandera de su país?

—Mmm... ¿viento, mi sargento?

Para entender la forma de pensar de los militares, debemos comprender que les gusta conducir de día con muchas luces intermitentes de todos los colores, pero que en cuanto se hace de noche las apagan todas porque prefieren conducir a oscuras.

«El patriotismo en el campo de batalla consiste en conseguir que otro desgraciado muera por su país antes de que consiga que tú mueras por el tuyo.» (General George S. Patton)

¿Cuál es la diferencia entre el ejército y los Boy Scouts?

–Los Boy Scouts están supervisados por adultos.

—Sargento, ¿qué podemos hacer si pisamos una mina?

—El procedimiento habitual es esparcirse en trocitos en un radio de treinta metros...

—Mi sargento, el enemigo se acerca para atacarnos.

—¿Cuántos divisa desde la trinchera, soldado?

—Como mil uno, mi sargento.

—¿Cómo que mil uno, soldado?

—Es que viene uno adelante, y como mil atrás.

En un campamento mixto de maniobras de la OTAN va un general americano, otro francés y otro español. El americano, para impresionar, coge la bayoneta de un soldado americano, y se la clava a éste en el pie:

—¿Sientes algún dolor?

Con lágrimas en los ojos responde el guiri:

—(Gnnnni) ¡Negativo, señor! ¡Porque yo soy un marine de los Estados Unidos, seeeñooor!

El general ruso no quiere quedarse atrás, así que se acerca a un soldado ruso, le coge la bayoneta, se la clava en el pie tres veces y le pregunta:

—Soldado, ¿sientes algún dolor?

El soldado le responde apretando los dientes:

—¡Grrrrr! ¡Niet, mi generrraal! ¡Porrrque yo soy grrraaaan soldado rrrussso!

Así que llega el general español, agarra a un recluta, le coge la bayoneta, se la clava en el pie diez veces, se la retuerce son saña y luego remacha un par de veces y le pregunta:

—¿Qué, soldado? ¿Notas algún dolor?

Y el soldado, firmes, erguido, sonriente, saluda y responde con aire marcial y orgulloso:

—¡No, señor!

El general se queda sorprendido y pregunta:

—¿Por qué no?

—¡Porque calzo un 38 y me han dado un 45, señor!

Estaba un militar frotándose una bala contra la cabeza. La miraba y se la volvía a frotar… La miraba otro poco y la empujaba contra la cabeza… Al fin la pone ante sus ojos y concluye:

—Está claro, lo que mata es la velocidad.

Un soldado durante la instrucción se cruza en el cuartel con otro militar:

—Paasa...

—¡Recluta! ¿Es que no sabe cuadrarse ante un superior?

—Anda, ¿y para qué tantos miramientos?

—¿Es que no has visto los galones?

—¡Ah!, perdón, ¡pensé que era el de la Citröen!

Durante la Segunda Guerra Mundial, un avión inglés es derribado sobre Alemania y capturan al piloto, que está muy gravemente herido, y lo llevan a un campo de concentración. Al día siguiente llega un médico nazi y le dice:

—Lamento informarle que, a pesar de nuestros esfuerzos, su pierna derecha no tiene cura, así que tenemos que amputársela.

—De acuerdo, pero he de pedirle un favor. Me gustaría que mi pierna fuese devuelta a mi patria. Comprendo que esto es difícil en este momento, pero ¿sería posible que alguno de sus aviones la dejase caer mientras sobrevuela el sur de Inglaterra?

—Sí, no hay ningún problema.

Total, que le amputan la pierna derecha, la meten en un avión que va a bombardear Londres y la dejan caer. Al día siguiente le tienen que amputar el brazo izquierdo y se repite la misma historia, al otro, la

—Mi sargento, este cocido tiene tierra.
—¡Aquí se viene a servir a la Patria, no a protestar!
—Sí, mi sargento, a servir a la Patria, no a comérsela.

pierna izquierda, y lo mismo. Pero al día siguiente el médico acude a la cama del piloto inglés con malas noticias:

—Lo siento mucho: su brazo derecho tiene gangrena y tenemos que amputarlo también.

—Bueno, ¿lo mandarán a Inglaterra?

—Me temo que esta vez será imposible.

—¿Por qué no?

—Es que el comandante empieza a sospechar que usted está intentando escaparse...

–A ver soldado, ¿cuánto son 10 por 5?
–¡¡105, mi sargento!!
–Así me gusta, ¡bruto pero enérgico!

Tres ministros de Defensa, el de Estados Unidos, el de Rusia y el de España, están en una fragata presumiendo de lo valerosos que son sus hombres. El yanqui llama a uno de sus soldados y le dice:

—Tírate al agua, nada alrededor del barco y vuelve.

El soldado, sin pensarlo dos veces, se tira de cabeza al agua, nada alrededor del barco y vuelve. Entonces el ministro norteamericano les dice a los otros dos ministros:

—¿Son esto huevos o qué?

Pero el ministro ruso no se deja impresionar, llama a uno de sus soldados y le dice:

—Tírate al agua, da veinte vueltas a barco buceando, y caza un tiburón con tu cuchillo.

El ruso se lanza al agua inmediatamente, y sin asomarse a respirar da las veinte vueltas al barco y luego mata con su cuchillo a un tiburón que pasaba por allí. Cuando vuelve al barco con el tiburón, el ministro ruso le dice a los otros dos:

—¿Son esto huevos o qué?

Entonces el ministro español llama a uno de sus oficiales y le dice:

—Te vas a tirar al agua haciendo el salto del ángel, vas a bucear hasta el fondo del mar, vas a buscar un barco hundido con un tesoro y, mientras te lo traes aquí, vas a matar veinte tiburones con tus manos desnudas. El oficial le contesta:

—Oiga, ¿y por qué no envía usted a su puta madre?

El ministro se vuelve hacia los otros dos y les dice, con la cara rebosante de orgullo:

—¿Son esto huevos o qué?

MÚSICOS

Aseguran que la música amansa a las fieras. Vaya tomadura de pelo. Quien dijo eso jamás sufrió a un vecino saxofonista. Y es que, como decía Wilde: «Los músicos son terriblemente irrazonables. Siempre quieren que uno sea totalmente mudo en el preciso momento en que uno desea ser completamente sordo».

El órgano es un instrumento de culto porque cuando comienza a sonar, sentimos el Poder Divino y cuando termina conocemos la Gracia de Dios.

—¿Cómo le va con el saxofón a tu hijo?

—Muy bien; le han pagado una beca para que termine los estudios en Viena.

—¡Qué estupendo! ¿Quién se la concede?, ¿el Conservatorio Nacional?

—No, los vecinos.

Un tubista hablando con un amigo:

—¿Oíste mi último recital?...

—¡Eso espero!

¿Para qué sirve un acordeón?

–Para aprender a doblar un mapa de carreteras.

Era un músico tan lento, que cuando se desmayaba no volvía en sí, volvía en La sostenido.

¿En qué se parece una guitarra eléctrica a una mujer?

—A la guitarra eléctrica se la enchufa, se calienta y se la toca. A la mujer se la toca, se calienta... y finalmente se la enchufa.

¿Por qué están mal vistos los violoncellistas y los arpistas entre los demás músicos de la orquesta?

—Porque los dos se abren de piernas para ganarse el sustento.

¿En qué se parecen un solo de batería y un orgasmo?

—En ambos casos sabes que va a venir, y no puedes hacer nada por evitarlo.

Dos amigos en la ópera:

—Éste sí es un cantante de primera fila.

—Estamos de acuerdo. ¡En la segunda no se le oye!

¿Qué le pregunta el batería al director antes de comenzar una pieza?

—¿Desea que toque el próximo tema demasiado lento o demasiado rápido?

¿Qué es un caballero?
—Alguien que sabe cómo tocar un trombón, pero no lo hace.

Un nuevo rico envía a su hijo pequeño a Viena para que le enseñen a tocar el violín. Cuando el hijo regresa, a los dos años, le pide a un amigo melómano que lo escuche y dé su opinión. Así lo hacen y cuando el niño termina con la última nota, el padre pregunta al amigo:

—¿Y bien? ¿Qué te parece la ejecución?

—Hombre, un poco fuerte. Yo creo que dos bofetadas serían suficiente.

¿Por qué los gaiteros caminan mientras tocan?

—Para alejarse del ruido.

—¿Qué tal tu hija con las clases de piano?

—¡Uy! Tiene los dedos como relámpagos.

—¿Muy rápidos?

—No, que no se sabe dónde van a caer.

¿Qué ocurriría si tocaras blues al revés?

—Tu mujer volvería a casa, tu perro volvería a la vida y tú saldrías de prisión.

Dos amigos están hablando y uno le dice al otro:

—¿Cómo te va en tu nuevo piso?

—¡Fatal, chico! Los vecinos son unos maleducados. El otro día el de la puerta de al lado vino a aporrear la mía y a gritarme groserías.

—¿Y qué hiciste?

—Decidí que era mejor no hacerle caso y seguí tocando la trompeta.

NÁUFRAGOS

Siempre lejos de casa, rodeados por agua y sin botellas, bolígrafo y papel a mano para escribir mensajes de socorro. Pero ¿cree que se aburren? En absoluto. Su vida es de lo más emocionante. Nunca se sabe en qué chiste van a acabar... o cómo va a acabar su chiste.

Después de largos meses de soledad y penurias, un náufrago ve que del agua sale un submarinista. Al fijarse mejor observa que se trata de una deslumbrante mulata de espectaculares curvas con un ajustado traje de neopreno.

La aparición se le acerca, mientras abre una cremallera del costado derecho de su traje y saca un botellín de cerveza.

El tipo se tira como loco a por la bebida, y al tiempo que da los primeros tragos, la chica abre una nueva cremallera, esta vez en su costado izquierdo. De ahí saca un Montecristo y un mechero.

El hombre no da crédito. Ya no sabe a qué atender.

Por último, la espectacular mujer comienza a bajar la cremallera de su escote. Sensualmente, va dejando entrever el rosado color de su pecho mientras le susurra con voz sensual:

—Ahora viene lo mejor...

Y el tío, ya con los ojos fuera de sus, órbitas dice:

—¡No jodas que me traes ahí el *Marca*!

Un mago llevaba tiempo trabajando en un barco. Parte del éxito de su actuación, a su pesar, era un loro tropical que le había impuesto la directiva de la naviera para dar colorido al espectáculo, y que no paraba de hablar de más. El dichoso loro no cerraba la boca.

El mago decía:

—¡Voy a hacer desaparecer este conejo ante sus propios ojos!

Y el loro gritaba desde su hombro:

—¡Está en la chistera!, ¡está la chistera!

Seguía el mago:

—¡Verán cómo envío a esta preciosa ayudante al país de los desaparecidos!

Y el loro:

—¡Se ha ido por la trampilla que está bajo la mesa!, ¡se ha ido por la trampilla que está bajo la mesa!

Una tarde, el mago comenzaba su representación en plena tormenta. Fuera, las olas superaban los treinta metros de altura, y tras zozobrar, el barco se hunde. Milagrosamente, el mago y el loro consiguen llevar a salvo a una playa desierta.

Pasan días y días y el loro no dice nada.

El mago, por fin, se decide a romper el silencio:

—A ver, ¿por qué no hablas ahora?

—Ok, me rindo... Dime dónde diablos metiste el barco.

Tras una tormenta impresionante, un barco naufraga y sólo se salvan un hombre y una mujer, por ende la recién coronada Miss Jamaica, que van a parar a una isla desierta. Con el paso del tiempo, solos y abandonados, acaban cogiéndose confianza y una cosa lleva a la otra. Como no tienen nada mejor que hacer, pasan semanas haciendo el amor hasta que un día el hombre dice:

—Oye, tengo que hablar contigo. Necesito pedirte tres deseos. ¿Crees que podrás concedérmelos?

—No lo sé. Prueba a ver...

—Bien. El primero es que me gustaría llamarte Mariano. ¿Te importa?

—Pues... Bueno, no creo que sea un problema. ¿Qué más?

—El segundo es... ¿Te importaría sacar uno de los trajes de hombre que hay en ese viejo baúl que salvamos del naufragio y vestirte con él?

—Me parece un poco raro, pero si te hace ilusión por algo, tampoco me importa. De acuerdo. ¿Cuál es el tercero?

—Pues el tercero es que quisiera hablar seriamente contigo paseando por la playa. ¿Vamos?

—Por supuesto.

Los dos salen a dar un paseo en pleno atardecer —Miss Jamaica vestida de hombre—, cuando el tipo se detiene, se gira, pone una mano sobre el hombro de la modelo y le dice:

—Mariano, tío, sé que no vas a creerme, pero... ¡llevo meses acostándome con Miss Jamaica!

NEGOCIOS

Poner en marcha un negocio propio, batallar con los clientes y enfrentarse a las nuevas estrategias publicitarias puede ser una tarea titánica. Por eso, amigo empresario, relájate un rato y echa unas carcajadas a costa del pan tuyo de cada día.

1. Pon el puño hacia arriba.

2. Levanta el pulgar, el que está al lado y el meñique.

3. Di: «¡Camarero, cinco cervezas para la serrería!».

En una pizzería: «Tenemos un trato con el banco: ellos no venden pizzas y nosotros no aceptamos cheques».

—¿Me da un desodorante?
—¿De bolita?
—No, de axila.

En un quiosco:

—¿Me da un chicle?

—¿Bang Bang?

—Vale, estoy muerto. Ahora dígame, ¿me da un chicle?

¿Quién fue el empresario más eminente que haya existido?

—Noé: mantuvo su empresa a flote mientras el resto del mundo estaba en liquidación.

—Buenas, ¿me da un bote de Colón?

—Pues tendrá que ser Ultra.

—¡¡Tendero!!, ¡¡mamón!!, ¡¡dame un bote de Colón!!

Un hombre se encuentra a un amigo en la calle, pidiendo limosna:

—Pero Víctor, ¿qué haces aquí en estas condiciones?, ¿qué pasó con tu empresa de vasos irrompibles?

—Ya ves, ¡quebré!

—Ah... Entonces ¿no eran irrompibles?

Entra un señor en una tienda de animales y dice:

—Hola, buenas tardes, quisiera comprar un perro.

—¿Pequinés?

—Bueno, es para mi madre que le gustan mucho...

—¿Qué te pasa, hombre, que te veo muy preocupado?

—Nada, tío, que mi negocio no funciona.

—¿Pusiste letreros?

—Los más caros.

—¿Pusiste ofertas?

—Imposibles de igualar.

—¿Propaganda?

—También.

—Entonces, ¿qué puede fallar?, vamos a ver... Déjame echar un vistazo... Letreros, propaganda, ofertas... ¡Serás idiota! Que no es con ce, ¡sastrería se escribe con ese!

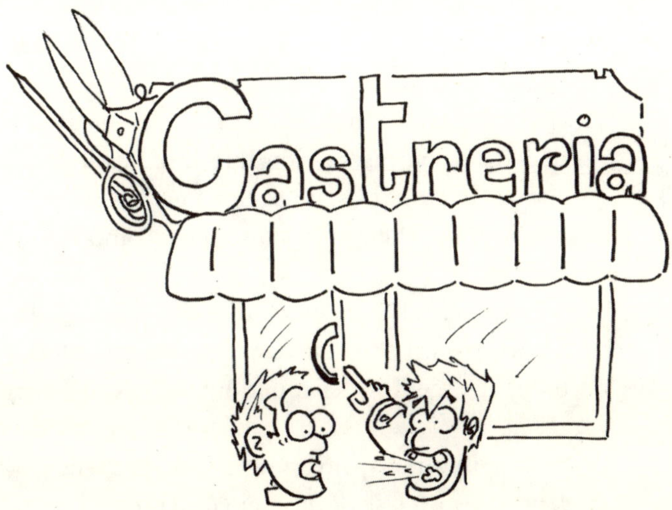

Un hombre entra en una droguería y pregunta:

—¿Me da un tubo de pasta de dientes Cuélgate?

—Se equivoca, no se dice Cuélgate, se dice Colgate —responde el de la droguería, algo extrañado.

—¡Ah! —replica el cliente con una sonrisa—: ¡también vos sos argentino!

Artero, un próspero fabricante de clavos, trata de ampliar su negocio y para ello decide armar una estrategia publicitaria a nivel internacional. Tras recorrer varias agencias publicitarias, decide encargársela a una famosa por sus anuncios de impacto.

—Mire, amigo, mi empresa se dedica a la fabricación y venta de clavos, quiero una publicidad para los medios televisivos, que destaque y haga hincapié en la calidad de mi producto.

—No se preocupe —le contesta el publicista—. Para la semana que viene la tendrá usted lista.

A la semana siguiente, el empresario vuelve a la agencia, y le presentan un avance del anuncio. De medio minuto de duración, muestra una escena de la crucifixión de Jesucristo: la Virgen María llora a los pies de su hijo, los soldados romanos se burlan y Jesús aparece clavado en la cruz. En lo alto de ésta, en vez de la habitual inscripción INRI, se puede leer: «Con clavos Artero, ni Cristo se despega».

Al verlo, el empresario se pone como loco y grita furioso:

—¡Qué habéis pensado que soy! ¡Ni siquiera imaginéis que mi empresa dará esta imagen blasfema en todos los medios del mundo! ¡Esto es una vergüenza!

—Disculpe —interrumpe el de la agencia—. Entonces, ¿qué clase de anuncio quiere?

Un hombre entra con aspecto fatigado a una farmacia:
—Disculpe, ¿tiene algo para el cansancio?
—Sí, pero está agotado.

—Uno que destaque la calidad de mi producto, como le dije. Hágalo como quiera, ¡pero no ponga a Cristo crucificado con mis clavos! —grita el hombre y se va.

A la semana siguiente, el tipo vuelve a la agencia. Le proyectan el siguiente corte publicitario: aparece Jesús, semidesnudo, corriendo por las calles mientras huye de una horda de soldados romanos que le persiguen. Al final del anuncio, mientras corren tras Jesús, un centurión le dice al que corre a su lado: «¿Qué te dije? Ya sabía yo que era mejor usar clavos Artero...».

$

¿Qué le dice un mecánico a su mujer?

—¡Mercedes, Benz y ponte A4 patas que te voy a echar un Volvo en el Porsche y nacerá un Clio, porque en esto del Saxo no hay quien Megane!

$

Una pareja llevaba muchos años de matrimonio y no había logrado tener familia. Tras consultar a varios doctores, sin éxito, fueron a ver a un especialista muy renombrado quien, tras muchos estudios, les dijo que la única solución era que buscaran un padre sustituto.

—¿Y es qué es? —pregunta la señora.

—Es un hombre seleccionado con mucho cuidado y que hace, por una única vez, las funciones del esposo para que la mujer quede embarazada.

La señora vacila un poco; pero su marido le dice al doctor que él no tiene ningún inconveniente con tal de ver realizada su ilusión de convertirse en padre. Pocos días después, se contrata a un joven y se concerta una cita para que al siguiente domingo por la mañana, cuando se ausente el marido de la casa, vaya y visite a la señora para cumplir su tarea.

Sin embargo, sucedió que los vecinos habían llamado a un fotógrafo infantil para retratar a su bebé. Por azar del destino, el hombre se equivocó de domicilio y llegó al de la señora:

—Buenos días, señora, vengo por lo del niño.

—Mmm, sí, pase usted. ¿Desea tomar algo?

—No, muchas gracias, el alcohol no es bueno para mi trabajo. Lo que quisiera es comenzar cuanto antes.

—Muy bien, ¿le parece si vamos a la habitación?

—Puede ser allí, pero también me gustaría echar un disparo aquí, en la sala, dos en la alfombra y otro en el jardín.

—¿Cuántos van a ser? —se alarmó la señora.

—Ordinariamente son cinco en cada sesión, pero si la mamá coopera pueden ser más, todo depende —dijo, mientras sacaba del portafolios un álbum—. Me gustaría que viera antes algo de lo que he hecho. Tengo una técnica muy especial y única que le ha gustado mucho a mis clientas, por ejemplo, mire el retrato de este niño tan bonito: lo hice en un parque público, a plena luz del día. ¡Cómo se juntó la gente para verme trabajar! Esa vez me ayudaron dos amigos, porque la señora era muy exigente: con nada le podía yo dar gusto y quedarle bien. Para colmo, esa vez tuve que suspender el trabajo porque llegó una ardilla y comenzó a mordisquearme el equipo.

La señora, estupefacta, escuchaba todo esto mientras el fotógrafo continuaba:

—Ahora vea estos mellizos. En esa ocasión sí que me lucí, todo lo hice en menos de cinco minutos: llegué y, *¡paf!*, dos tomas y mire los gemelos que me salieron.

La señora estaba cada vez más asustada oyendo al fotógrafo que seguía:

—Con este niño batallé un poco más, porque la mamá era muy nerviosa. Yo le dije: «Mire, señora, mejor dese la vuelta hacia el otro lado y déjeme hacer a mí». Ella se giró, y así pude acabar mi trabajo.

A esta altura, la señora estaba a punto del desmayo. El fotógrafo, al tiempo que guarda su álbum, le dice:

—¿Quiere que comencemos ya, señora?

—Cuando usted diga.

—Perfecto, entonces voy por mi trípode.

—¿Trípode? —pregunta ella, temblando.

—Sí —comenta muy tranquilo el fotógrafo—, es que ya sabe, los equipos profesionales son muy grandes y necesito un trípode para apoyarlo y estabilizarlo, porque... ¿Señora?, ¿señora?...

OTRAS ÉPOCAS...

¿Quién ha dicho que el humor tenga un principio en el tiempo? Error. ¿Quién cree que en la Prehistoria no se reían o que Atila, Cleopatra y los centuriones romanos no hacían veladas humorísticas? ¿Cómo que no hay documentación que lo demuestre? Por supuesto que la hay! Lea, lea...

—¿Tú sabías que Aníbal cruzo los Alpes con elefantes?

—Sí, pero no consiguió descendencia.

Año 30 a. C. Un romano le dice a otro:

—Oye, ¿te acuerdas de cómo se llamaba una serie en la que salían unos extraterrestres que se quitaban la piel y eran como lagartos?

—Sí, sí que me acuerdo: V.

—¡Por el culo te la hinco!

En una galera romana, la irrupción de un centurión despierta a los esclavos a las seis de la madrugada:

—Tengo dos noticias para vosotros, una de ellas buena y la otra mala. ¿Cuál queréis primero?

—¡La buena! ¡La buena primero!

—Hoy va a venir aquí Julio César, y vais a desayunar chocolate con churros.

—¡Bravo! ¡Viva Julio César! ¿Y cuál es la otra noticia?

—Que viene a hacer esquí acuático.

Vuelve Marco Antonio al palacio después de unas cuantas batallas y pregunta:

—¿Dónde se encuentra mi amada Cleopatra?

—En la cama, con amigdalitis.

—¡Estos malditos griegos!...

Se acerca un romano corriendo ante las puertas del palacio del emperador y grita:

—¡Ave, César!

Y César le responde:

—Pasa, que está *averto*.

Va un centurión a una farmacia:

—Me da un paquete de pañuelos?

—¿De kleenex? —pregunta el farmacéutico.

Y contesta el centurión:

—Pañuelus, pañuelum, pañueli...

Llega un legionario a una taberna y dice:

—¡Tabernero! Póngame un Martinus.

—Querrás decir un Martini...

—No, que solamente quiero uno.

En la época de los faraones y las pirámides, cuando todavía no existía la escritura y todo lo redactaban en jeroglíficos, dos esclavos se pusieron a trabajar en las paredes de un templo funerario. Uno dictaba, y el escriba lo esculpía sobre la piedra:

—Primero describamos al faraón —comienza el narrador—: El faraón es bondadoso...

Y allá que va pica que te pica el otro contra la piedra. Continúa:

—El faraón es honesto…

Otra vez el escriba dale que te pego con el cincel.

—El faraón es amable…

Los jeroglíficos se iban desplegando por las paredes, hasta que el que describe al señor de las Dos Tierras dicta:

—El faraón es viril…

Y el escriba le interrumpe:

—Disculpe, ¿cómo se escribe viril?, ¿con un huevo o con dos?

PERSONAJES DE CUENTO

Si pensabas que el cuento de Caperucita terminaba con el fin del lobo, o que los Siete Enanitos vivieron por siempre jamás con Blancanieves, o que Superman y Tarzán fueron durante toda su vida tipos serios y formales... mejor pasa la página y abre los ojos de una vez por todas.

Está el conde Drácula muy atareado en su castillo de Transilvania reparando su ataúd:

—¡Igor!

—Decidme, mi señor.

—Acércame un destornillador.

—Aquí lo tenéis, mi señor.

—¡El de cruz no! ¡¡El de cruz no!!

Caperucita Roja fue a visitar a su abuelita sin saber que el lobo ya había dado buena cuenta de ella...

—Abuelita, qué ojos tan grandes tienes.

—Es para verte mejor.

Nuevamente, Caperucita mira a su abuelita y dice:

—Abuelita, qué orejas tan grandes tienes.

—Es para escucharte mejor.

Caperucita vuelve a insistir:

—Abuelita, qué nariz tan grande tienes.

—Es para olerte mejor.

Caperucita vuelve a la carga:

—Abuelita, qué boca tan grande tienes.

—¿A qué viniste?, ¿a visitarme o a criticarme?

Era un príncipe tan feo, pero tan feo, que Cenicienta regresó a casa a las diez y media.

Un tipo entra al cine a ver una reposición de películas antiguas. Hoy en cartelera: *Tarzán de los monos*. Con las prisas, se equivoca de sala y entra en *King Kong*. A la salida, se encuentra con un amigo.

—¿Ya sales? Yo llego ahora, ¿qué tal estuvo la película?

—No sé, chico, me ha impresionado un poco esta versión del director... Tarzán casi no sale, ¡y Chita cómo ha crecido!...

Iba un zorrillo caminando por el bosque cuando, de repente, un cazador le sale al encuentro. El zorrillo se desmaya del susto, pero antes de perder el conocimiento intuye una sombra que se encara al cazador.

El zorrillo, inconsciente, no puede verlo, pero gracias a esa silueta misteriosa el hombre de la escopeta ha huido y, grabado con acero en el tronco del árbol más cercano, ha quedado marcada una enorme zeta.

Cuando el zorrillo vuelve en sí, ve la zeta, mira al cielo y grita agradecido:

—¡Muchas gracias, Zuperman!

Va Caperucita Roja cantando por el bosque:

—Soy Caperucita Roja, una niña muy feliz...

Cuando de pronto ve al lobo y le dice:

—Señor Lobo, ¡le he visto!, ¡detrás de ese árbol!

El lobo sale corriendo y Caperucita continúa su camino cantando su cancioncilla. Después de unos pasos vuelve a ver al lobo:

—Señor Lobo ¡lo he vuelto a ver!, ¡está detrás de esos matorrales!

El lobo sale corriendo y Caperucita sigue su camino cantando. Poco después se topa otra vez con el lobo:

—Señor Lobo, ¡otra vez!, ¡detrás de esa roca!

El lobo sale muy enfadado y dice:

—¡Será posible!, ¿es que no se puede cagar tranquilo en este puñetero cuento?

Entra James Bond a un bar y se sienta en la barra; cruza las piernas, pide un vodka martini *(shaken, not stirred)* y mira la hora. Una chica que lo había estado observando con mucho interés desde que llegó, se le acerca y exclama:

—¡Qué bonito reloj! ¿Tiene muchas funciones?

—Por supuesto, este reloj Omega me permite observar, de inmediato, lo que está pasando alrededor de mí, más allá de lo que mis ojos ven. Por ejemplo, usted, señorita, está sin bragas.

—¡Ja, ja! Tu reloj no sirve, sí llevo bragas.

007 observa su reloj, le da unos golpecitos y contesta:

—Disculpa, preciosa, es que está adelantado una hora.

David el gnomo va a una farmacia y, casi susurrando, le dice al farmacéutico:

—Buenas tardes, ¿me podría dar una caja de preservativos?

—Cómo no —contesta el dependiente—. ¿Control?

—¡No, no, sin trol!, ¡sin trol!

Tras un aterrizaje de emergencia, Fidel Castro despierta solo en la jungla. Conmocionado, comienza a nadar hasta que encuentra a Tarzán.

—¿Sabes hablar? —le pregunta.

Tarzán no le contesta, así que Fidel hace un nuevo intento:

—Yo Castro.

Y Tarzán replica:

—Yo no dejarme.

Superman estaba con ganas de fiesta, pero no encontraba quien le acompañase. Como primera opción, acude a la guarida de Batman:

—Batman, hace tiempo que no salimos y necesito marcha, ¿qué tal si nos vamos de juerga y nos buscamos unas chicas?

—Imposible, tengo el Batmóvil sucio y si no lo limpio no podré combatir el mal.

El héroe volador se marcha directo a casa de Spiderman y se encuentra con lo mismo:

—Imposible, tengo que revisar todo el equipo araña o si no mañana no podré salir a combatir el mal.

Superman ya no sabe qué hacer así que, enfadadísimo, se dedica a sobrevolar Manhattan mascullando su desgracia. De pronto, ve a lo lejos a la Mujer Maravilla, desnuda, tumbada, mirando hacia el cielo y con las piernas abiertas. Una clara llamada.

Se lanza el superhéroe a 300 kilómetros por hora, le hace el amor cinco veces en 4,6 segundos y se marcha de nuevo a surcar los cielos.

La Mujer Maravilla se pone en pie y dice:

—¿Qué diablos ha sido eso?

—Ni idea —responde el Hombre Invisible—, pero me ha dejado el culo hecho trizas…

¿Cómo pasa Superman entre una multitud de gente?

—Con su permiso.

Los Siete Enanitos deciden hacer un viaje por el Viejo Continente. Tras semanas de caminata y aventuras, llegan a Roma. Ya que están por allí, piden audiencia con el Papa, y por supuesto se la conceden porque, claro, para eso son los Siete Enanitos.

Con Gruñón a la cabeza, los siete entran en la sala de audiencias. El Papa les saluda:

—Queridos hermanos, ¿queréis preguntarme algo? ¿Hay algo que os inquiete?

Gruñón se adelanta:

—Disculpe Santidad, queríamos saber si en Roma hay monjas enanas.

El Papa le responde sorprendido:

—Pues, no, en Roma no hay monjas enanas.

Se oyen algunas risitas y murmullos entre los enanitos. Gruñón mira hacia atrás, molesto, y todos se callan. Vuelve a preguntar:

—¿Y en Europa hay monjas enanas?

El Papa responde de nuevo con santa paciencia:

—No, querido hijo, que yo sepa en toda Europa no hay monjas enanas.

Ahora los enanitos se ríen sin ningún disimulo mientras Gruñón se va poniendo colorado.

—¿Y en el mundo? ¿En todo el mundo no hay monjas enanas? —pregunta Gruñón.

—No, querido hijo, seguro que en ninguna parte del mundo existen monjas enanas —responde el Papa.

Los enanitos, sin Gruñón, se ríen a carcajadas, saltan, se abalanzan los unos sobre los otros en montones mientras cantan:

—¡Gruñón se folló a un pingüino!, ¡Gruñón se folló a un pingüino!, ¡Gruñón se folló a un pingüino!...

PRESOS Y CÁRCEL

No parece el mejor escenario para las carcajadas, pero los muros de las prisiones también nos han dejado chistes llenos de picaresca y mucha risas. De nuevo, la prueba de que no hay humor al que aprisionen los barrotes.

Dos presas se encuentran en el patio de la cárcel, y una de ellas está enojadísima. Al darse cuenta, su nueva compañera de celda le pregunta:

—Oye, ¿te pasa algo?

—¡Estoy indignada! Me echaron cuarenta años... ¡y sólo tengo treinta y cinco!

—Oye, ¿tú has tenido alguna vez una visión sobre tu muerte?

—No, pero mi padre sí. Él sabía exactamente cuándo y dónde iba a morir, hasta la hora.

—¿Ah, sí? ¿Y cómo lo hizo? ¿Ouija?, ¿tarot?, ¿videntes?

—No, se lo dijo un juez.

Un condenado a muerte se dirige un lunes hacia la sala de la silla eléctrica. Curioso, el guardia le interroga:

—¿En qué vas pensando?

—Que mal empieza la semana...

Un guardia de prisiones se dirige al ajusticiado antes de sentarlo en la silla eléctrica:

—¿Un cigarrillo?

—No, gracias, lo estoy dejando...

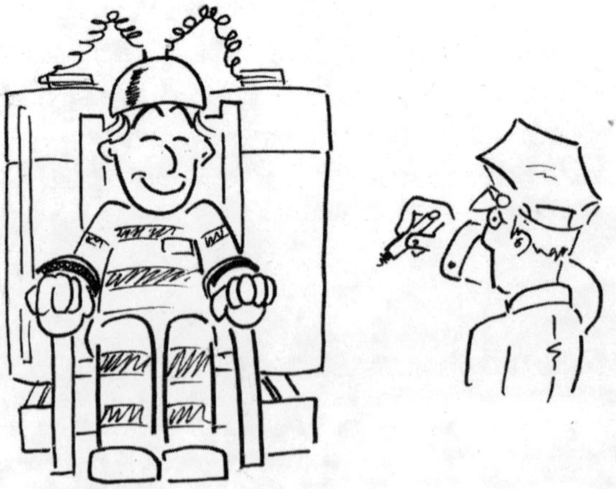

RESTAURANTES, BARES Y CAFETERÍAS

Ir a comer a un restaurante puede convertirse en toda una aventura. Los camareros se enfundan en su traje de faena y se preparan para hacer frente a las peticiones, reclamaciones y sugerencias gastronómicas más extrañas y disparatadas, mientras sirven la casi inevitable mosca en la sopa...

Entra un tipo a un bar. El camarero se le acerca:

—¿Qué va a ser?

—Pues quiero ser arquitecto, estoy estudiando en…

—No, hombre, ¡que qué quiere!

—¡Ah!, pues una esposa guapa, un cochazo deportivo de…

—Que no, que qué va a tomar.

—¡Ah! Perdone. ¿Qué hay?

—Nada, aquí, limpiando la barra…

—Camarero, ¿el pescado viene solo?
—No, ya se lo traigo yo.

Dos amigos, hablando de su última noche:

—Ayer salí con Claudia y la invité a una cena ovípara.

—¿Cómo que ovípara? ¡Será opípara!

—No, no, ovípara: ¡es que me costó un huevo!

Entra un señor en un bar y el camarero educadamente le pregunta:

—¿Qué desea?

—Quiero tres cafés.

—¿Tres cafés? —le repite el camarero sorprendido.

—Sí, uno para mí, otro para ti, y otro para la zorra de tu madre —le contesta.

El chaval atónito y mosqueado se aguanta las ganas de darle un puñetazo por decoro y por temor a que le despidan, y piensa: «Quizá sea la última vez que venga por aquí, y no merece la pena». Pone los tres cafés.

Al día siguiente el camarero acaba de abrir el bar, cuando de nuevo ve sorprendido cómo el mismo señor del día anterior entra en el bar. Éste se acerca hasta él y le dice:

—Quiero que me ponga tres cafés.

El camarero precavido por el día anterior le vuelve a preguntar:

—¿Tres?, ¿para quién?

—Uno para mí, otro para ti, y otro para la zorra de tu madre.

Esta vez el chico no se aguanta las ganas, sale de detrás de la barra y le da una paliza al tipo, que se marcha casi arrastrándose. A pesar de todo, el dueño del bar no despide al camarero puesto que ve que su comportamiento ha sido justificable.

Al día siguiente el camero colocaba las tazas de café, cuando todo incrédulo ve aparecer al señor por la puerta con un ojo morado, la pierna vendada, el brazo en cabestrillo... El tipo se le acerca y le dice:

—Quiero dos cafés.

El camarero enrarecido le pregunta:

—Dos cafés, ¿para quién?

—Uno para mí, y otro para la zorra de tu madre. Para ti no, que te pones muy nervioso...

Un guiri se queja con fuerte acento inglés a su camarero:

—Camarrero, camarrero, hay un mosca en sopa mía.

—No es un mosca. Es una mosca.

—Carray, ¡qué buena vista usted tiene!

—Camarero, ¿qué hace esa mosca en mi sopa?

—Yo diría que braza australiana, señor.

—Camarero, esta sopa tiene gusto a insecticida.

—A ver, ¿nos aclaramos o no? ¡Cuando encuentra moscas también se queja!

—Camarero, ¿me aliña la ensalada?
—Faltaría más... Con el uno pepino, con el dos tomate, con el tres anchoa...

—Camarero, esta langosta sólo tiene una pinza.
—Debe de haberla perdido en alguna pelea, señor.
—Bueno, pues tráigame a la ganadora.

Dos gorilas entran en una cantina y el camarero les dice:
—Lo siento, no tengo habitaciones libres, pero si quieren pueden pasar la noche en el granero con mi hija de dieciocho años.
Entonces un gorila le dice al otro:
—¡Jo, tío, qué suerte, nos hemos equivocado de chiste!

—¡Telepizza! ¿Qué desea?
—¡Magdalenas! No te jode…

Un cliente al camarero:
—Oiga, disculpe, ¿esto es la cuenta o me está vendiendo el local?

SE LEVANTA EL TELÓN

Otra apertura ya mítica del mundo del humor. Cuando los guionistas idearon las películas que triunfaron (o no) en las grandes salas, ni siquiera sospechaban que sus títulos verían secuelas mucho más disparatadas sobre el papel. Aquí están algunas de las mejores.

Primer acto: Francisca abrillanta el parquet de su piso con una enceradora.

Segundo acto: A Francisca se la rompe la enceradora.

Tercer acto: Francisca abre el motor de la enceradora.

Cuarto acto: Francisca electrocutada.

Se baja el telón. ¿Cómo se llama la película?

—El amperio contra Paca.

Aparece un equipo completo de fútbol tirándose a una prostituta. El hijo de ella les mira desde una ventana.

Se baja el telón. ¿Cómo se llama la película?

—Todos sobre mi madre.

Se ve un uno y un dos llamando al timbre de una casa.
Se baja el telón. ¿Cómo se llama la película?
—¿Star tré?

Como escenario, una isla desierta, y en medio de ésta un sobrecito para hacer té.

Se baja el telón. ¿Cómo se llama la película?

—La isla del té solo.

Indiana Jones frente a una carretera. Mira hacia un lado, hacia el otro, y cuando va a cruzarla, llega un camión y lo atropella.

Se baja el telón. ¿Cómo se llama la película?

—Indiana Jones y la última cruzada.

Se ve un desierto de kilómetros y kilómetros de extensión y, frente al espectador, como único objeto, el brillo de un llavero semienterrado por la arena.

Se baja el telón. ¿Cómo se llama la película?

—El llavero solitario.

Primer acto: Aparece Brad Pitt con una pala cavando un agujero.

Segundo acto: llega a su lado un tipo y, al verle ya tan cansado, se ofrece a echarle una mano con el agujero: «Hombre, Brad, vas a acabar reventado, deja que te eche un cable». Y el actor que no se la deja.

Tercer acto (dos horas más tarde): Pitt sigue cavando el agujero con su pala, y le vuelve a decir el tío: «Pero Brad, que vas a reventar, déjame a mí la pala un rato».

Se baja el telón. ¿Cómo se llama el programa?

—Pasapalabrad.

Aparece una gorila tremenda, con una sábana sobre la cabeza, haciendo «¡Uuh!, ¡uuh!».

Se baja el telón. ¿Cómo se llama la película?

—La monaza fantasma.

Aparece Chiquito de la Calzada en una estación esperando un tren. Por los altavoces anuncian que el tren llega con una hora de retraso.

Se baja el telón. ¿Cómo se llama la película?

—Condemora.

Se ve a un señor subido en un árbol comiendo un paquete de gominolas. Se baja el telón. ¿Cómo se llama la película?
—El goloso en ramas.

Aparece una mujer meneando el bolso, fumando un puro y haciendo la calle. A su lado, un niño pequeño no la pierde de vista.

Se baja el telón. ¿Cómo se llama la película?

—Corrupción en mi mami.

Primer acto: un hombre vendiendo tortitas en la calle.

Segundo acto: el mismo hombre vendiendo tortas.

Tercer acto: sale de nuevo el de antes, con un carrito de salchichas.

Se baja el telón. ¿Cómo se llama la película?

—El extortista.

Se ve un pitufo con los pantalones bajados.

Se baja el telón. ¿Cómo se llama la película?

—Verano azul.

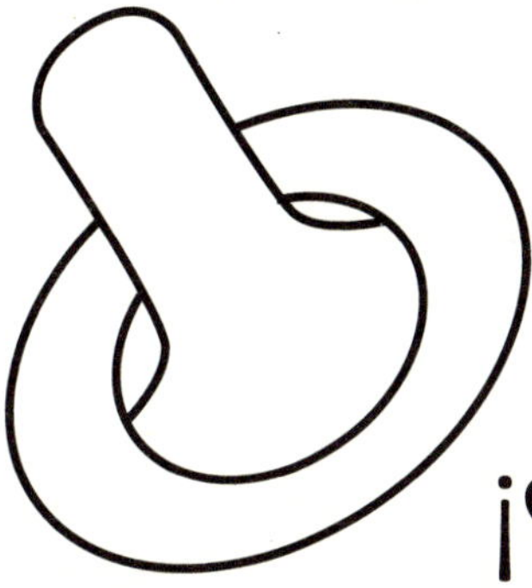

¡SEXO!

Hay chistes blancos, chistes negros, chistes amarillos... Pero de entre todos los colores, ¿quién duda todavía hoy de que los verdes son los preferidos de la mayoría? Estrella en las reuniones de amigos, el toque picante acapara todas las carcajadas. ¡Audiencia asegurada!

Dos amigos hablando:

—Oye, ¿a ti te gustan las almejas con limón?

—Sí, pero mi mujer dice que le escuece…

—Papá, papá, ¿cómo se hacen los niños?

—Papá pone una semillita en mamá… ¡Y la empuja con la polla!

Una mujer conoce a un tipo en un bar, charlan durante horas, y terminan la noche en casa de él. Al abrir la puerta, la mujer se queda sorprendida: por todos lados ve peluches: en el sillón, en las estanterías, encima del televisor… Ositos de peluche, pequeños tigrecitos, delfines, gatitos… Ella no puede evitar ver en esa estupenda colección un buen síntoma: sin duda es un hombre sensible, que demuestra con esto un extraordinario apego a su sensibilidad infantil.

–Doctor, doctor, padezco de eyaculación precoz.
–¡Coño!
–Ahhhg…

Pasan al dormitorio y ve más de lo mismo, con estantes repletos de peluches, ordenados por tamaño: en el superior los más grandes, en el intermedio los medianos y los más pequeños en el de abajo del todo.

Por supuesto, terminan la noche con una sesión de sexo salvaje, con ella totalmente entregada.

A la mañana siguiente, la mujer abre los ojos, se gira, le sonríe, le da los buenos días y le dice susurrante:

—Eh, lo de anoche no estuvo nada mal…

Él le devuelve la sonrisa, vacila, y luego replica:

—No, bastante bien… Puedes coger tu premio de la repisa de en medio.

Tres hombres se jactaban en un bar sobre cuántas veces eran capaces de hacer el amor en una noche. El primero les dice a los otros dos:

—Anoche hice el amor tres veces con mi esposa, y esta mañana me despertó con el desayuno y me dijo que ella nunca podría amar a otro.

El segundo les dice:

—Yo hice el amor cinco veces anoche con mi esposa, y esta mañana me tenía preparado un tremendo desayuno, la ducha lista, toda mi ropa a los pies de la cama y me aseguró que ella nunca podría amar a otro.

El tercero se queda callado y uno de los amigos le pregunta:

—¿Y tú? ¿Cuántas veces le hiciste el amor a tu mujer anoche?

—Una.

Los otros dos se ríen de el y le preguntan:

—¿Y qué te dijo esta mañana?

—¡POOOOOR FAVOOOR DETENTEEEE QUE DEBOOOO IIIIR A TRAAABAJAAAR!

¿Cuál es la diferencia entre «lástima» y «lastima»?
—Alrededor de ocho centímetros.

Un camionero de Coca-Cola va por la ruta de reparto entre dos pueblos, cuando ve a una chica espectacular haciendo autostop. La deja subir y cuando estaban llegando, la chica le agradece el favor y le ofrece su cuerpo como pago por haberla recogido.

Sin pensárselo un instante, el camionero frena y se le tira encima... pero ella amaba la naturaleza y quería hacerlo a pleno sol. De nuevo a toda velocidad, el tipo saca la lona de Coca-Cola del camión, agarra cuatro cajones con botellas, pone uno en cada punta de la lona para que no se la lleve el viento, la chica se quita la poca ropa que llevaba, se echa en medio de la lona y el camionero se pone a darle.

Tan mala suerte tuvo el tipo, que en medio del asunto la chica se desmaya y él huye despavorido temiendo que lo acusen de asesinato. Acelera mientras ve por su espejo retrovisor a la chica tirada desnuda en el centro de la lona y a pleno sol.

A los cinco minutos se detiene en el arcén un coche con cuatro tipos y al ver la situación se tiran repetidamente a la chica desmayada.

Mientras coge una Coca-Cola del cajón, uno le dice al resto:

—Éstas *sí* son promociones, no como la mierda de Pepsi con las chapitas y las camisetas...

—¿Sabes que tengo una novia diésel? —le dice un amigo a otro.

—¿Y eso?

—Porque no me chupa nada, la cabrona...

–Buenas tardes, vengo a pedirle el coño de su hija.
–Querrás decir la mano.
–No, por favor, ¡más pajas noooo!

Un joven estaba con su novia en un parque. Comienzan a besarse, a toquetearse, y el chico ya no puede más. Comienza a rogarle por lo que más quiera que se deje hacer el amor, pero la chica no accede. Finalmente el joven le dice:

—¡Anda, mujer! ¡Déjame al menos que te meta la mitad!

La novia, por fin convencida, acepta:

—Bueno, pero sólo la mitad... Promételo.

El joven se lo promete y se lanza sobre ella desesperado. Olvidando su palabra con la pasión del momento, le mete todo lo que tiene. La chica, al sentir la embestida, goza tremendamente y le dice a su novio:

—¡Paco, métemela toda!

El novio, algo avergonzado y tratando de salvar su orgullo, le contesta:

—¡Ah, no! ¡Promesas son promesas!

A su regreso de la luna de miel, la recién casada visita a su mejor amiga.

—Y dime, dime, ¿cómo te fue el viaje?

—Ay, vaya dos semanas. Pues fue bien dentro de lo que cabe..., pero donde no cabe ¡cómo duele!

Diario de mi crucero a las Bahamas:

Día 1: He subido al barco y me ha parecido muy bonito y grande.

Día 2: El capitán no deja de mirarme.

Día 3: El capitán me ha invitado a una fiesta.

Día 4: El capitán me dijo en la fiesta que si no hacíamos ñaca-ñaca hundía el barco.

Día 5: He salvado a ochocientas personas... cuatro veces.

¿En qué se parece el sexo y el mus?
–En que si no tienes una buena pareja, te hará falta una buena mano.

Una muchacha pasa todo el día con su novio en el parque, y al llegar a su casa, escribe en su diario: «Querido Diario: hoy estuve con mi novio en el Parque del Amor, nos besamos, nos acariciamos, y él me hizo proposiciones indecentes, pero salí corriendo: mis piernas son mis mejores amigas...».

Al día siguiente, va con el novio a una pradera y al llegar a su casa, escribe en su diario: «Querido Diario: hoy estuve con mi novio en la Pradera del Sur, nos reímos, nos besamos, nos acariciamos, él me hizo proposiciones indecentes, pero salí corriendo: mis piernas son mis mejores amigas...».

Un día después, se va con el novio a su apartamento, y al llegar a su casa escribe en su diario: «Querido

Diario: hoy estuve con mi novio en su piso, nos besamos, nos acariciamos y él me hizo proposiciones indecentes… y me di cuenta de que hasta las mejores amigas se separan…».

—Oye, ¿tú mujer folla contigo por amor o por interés?
—Pues debe de ser por amor, porque interés pone muy poco…

La noche de Reyes, envuelto en la total oscuridad, Baltasar entra de puntillas en la habitación. Comienza a desnudarse: túnica, chaleco, zapatillas, por último, se quita el turbante y se mete en la cama.

De repente un grito y la chica se despierta, alborotadísima:

—¡Que era un Volvo! ¡LO QUE PEDÍ FUE UN VOLVO!

Un hombre conducía por una carretera secundaria muy entrada la noche y, de repente, le entraron unas ganas enormes de sexo. Justo en ese momento giró su cabeza y vio por la ventanilla una plantación de calabazas:

«Mmm —pensó—... Una calabaza es suave y bien jugosa por dentro, y no hay nadie cerca en kilómetros a la redonda...» De modo que detuvo el coche, se bajó, cogió una calabaza, le hizo un agujero con su cuchillo y comenzó a «trabajársela».

Tan emocionado estaba, que no vio acercarse un coche patrulla; éste se detiene a su lado y baja un policía:

—Disculpe, caballero —le interrumpe el agente—, ¿se puede saber qué diablos hace con esa calabaza?

El hombre le mira con auténtico horror, piensa rápido y contesta:

—¿Una calabaza? ¡No me diga que ya son más de las doce!

¿Cuál es el mejor método anticonceptivo?
—El DiCaprio: quedarse helado aunque la chica esté mojada.

—¡Eh, guapa!, vayamos a mi apartamento, encarguemos unas pizzas y hagamos el amor como bestias... ¿de acuerdo?

—¡Claro que no!, ¡ni loca!

—¿Por?... ¿No te gusta la pizza?

Tres amigas hablan sobre su vida sexual:

—Pues a Pepe —dice la primera—, cuando hacemos el amor se le calientan los testículos.

—A mi Nico le pasa lo mismo —replica la segunda—, debe de ser cosa de todos los hombres.

—Anda, pues yo nunca me ha fijado —afirma la tercera—, pero esta noche cuando esté en la cama con mi marido voy a hacer la prueba.

Al día siguiente quedan las tres en una cafetería. Las dos primeras llegan antes, y al rato ven que se acerca la tercera con una muleta, el ojo morado y un labio partido. Como es lógico, se asustan:

—¡María! ¿Qué te ha pasado?

—Pues nada, que llegué ayer a casa, y después de cenar Luis y yo nos fuimos a la cama, nos pusimos cariñosos, recordé nuestra charla de por la tarde y le toqué los testículos para confirmar lo que habíamos hablado. Y al ver que, en efecto, los tenía como comentábamos, le dije: «Los tienes calientes, igual que Pepe y Nico»...

Dos amigos casados:
—Oye, ¿tú a tu mujer le das por el otro lado?
—No jodas, ¿para que se quede embarazada?

Va Caperucita Roja por el bosque cuando de repente se encuentra al lobo. Éste la coge, la arrastra a la fuerza entre unos arbustos y la viola.

Al terminar, Caperucita se pone en pie, se arregla la caperuza, pone los brazos en jarras y le dice:

—¡Lobo! Esto se lo pienso decir a mi abuelita: ¡que cuando iba justo a verla has aparecido tú, me has llevado entre los arbustos y me has violado cuatro veces!

—¡Pero si sólo ha sido una!

—Ah... ¿ya te ibas?

Tras dos años de noviazgo, Un joven decide proponerle matrimonio a su novia. No habían mantenido nunca relaciones y ella, antes de aceptar, pensó que debía confesarlo algo:

—Verás, resulta que a los ocho años padecía una extraña enfermedad... y mis pechos detuvieron ahí su desarrollo.

Él le dijo que la amaba igual, y que no le diese más vueltas, de hecho, también tenía algo que le preocupaba:

—Mariela, he de decirte que tengo el pene del tamaño de un recién nacido, espero que esto no sea un problema.

Viendo la anterior comprensión que él había mostrado, la chica le aseguró que también lo amaba tanto que buscaría la manera de solucionar su pequeño problema.

Así que se casaron y al llegar la habitación comenzaron los besos, las caricias... y Mariela introdujo su mano en el pantalón del chico. Al momento, dio un salto hacia atrás y un grito ensordecedor se oyó en todo el hotel.

—¡Me mentiste! —gritó ella—, me dijiste que tenías el pene del tamaño de un recién nacido!

—Sí, eso dije... ¡Pesa dos kilos novecientos y mide cuarenta y ocho centímetros!

Se encuentran dos penes en los pasillos de la universidad:

—¿Por qué estás tan tenso?

—Es que tengo un examen oral.

Una mujer se va de vacaciones al Caribe y allí conoce a un mulato musculoso y macizo. Empiezan a charlar y a bailar y terminan rompiendo los muelles de la cama. Después de la faena, la mujer le pregunta su nombre.

—Prefiero no decírtelo. Cada vez que lo digo, todo el mundo se ríe. Llámame como quieras.

Ella lo deja estar y así continúan los quince días de vacaciones: bailando, tomando daiquiris y haciendo el amor a todo trapo. En la víspera de la vuelta, la mujer insiste para que el hombre le diga su nombre y finalmente lo convence.

—Me llamo Nieve —le contesta el negro.

Al oír eso, la mujer empieza a reírse a carcajadas.

—¿Lo ves? Ya te dije que todo el mundo se reía de mi nombre. Eres igual que todas.

—No, qué va. No me río de tu nombre. Estaba imaginando la cara de mi marido cuando le diga que he tenido veinticinco centímetros de nieve durante quince días en el Caribe.

Era un hombre con un pene tan largo, pero tan largo, que en lugar de frenillo tenía ABS.

—Mi mujer es un objeto sexual: cada vez que me apetece hacerlo, ella objeta algo.

SUEGRAS

Dícese de ese parentesco ligado a la risa más cruel, que parece acaparar todos los palos humorísticos y al que, sin embargo, se puede recurrir sin traspasar nunca los límites de los políticamente correcto.

Dos agricultores están conversando:

—Vaya, ¡otra vez los cuervos se me han comido la cosecha!

—Pero hombre, haz como yo y pon un espantapájaros.

—Si siempre pongo uno, pero como si nada.

—Lo que tienes que hacer es pegarle una foto de mi suegra.

—¿Y eso es efectivo?

—Hombre, a mí los cuervos no sólo no me han comido la cosecha, sino que me han devuelto la del año pasado.

—Mi suegra es un ángel.
—Qué afortunado, la mía aún sigue viva.

Se encuentran dos amigos y le dice uno al otro:

—¿De dónde vienes con esa cara?

—Vengo del entierro de mi suegra.

—No fastidies, ¿cómo ha sido?

—Pues fuimos a pasar el día al monte y la pobre se arañó con una zarza y...

—¿Y de eso ha muerto?

—Claro, hombre, tuve que rematarla para que no sufriese.

Un juez le pregunta al acusado:

—Señor Acebedo, se le acusa de tratar matar a su suegra con un hacha, ¿cómo se declara?

—¡Le aseguro que inocente, Su Señoría!... ¡Sólo pretendía espantar la mosca que tenía en la frente!

Un amigo a otro:

—Pues yo creo que las dos personas más felices que jamás han pisado la faz de la Tierra tuvieron que ser Adán y Eva.

—¿Por qué dices eso?

—Porque no tenían suegra…

—Pues no estoy de acuerdo. Más bien la suegra era Dios… ¡y ya sabes que Dios está en todas partes!

Un hombre va a una funeraria...

—Buenos días, me gustaría encargar una lápida para mi suegra, que acaba de fallecer.

—Vaya, lo siento caballero, ¿qué quiere que le ponga?

—Algo sencillo, póngale RIP.

El hombre se queda pensativo y repite:

—... RIP…

Y poco a poco se va animando:

—... RIP… RIP… ¡RIP, RIP, hurra!

—Hola, querida suegra. ¿Recuerda que el otro día dijo que daría media vida por una sandía jugosa?

—Sí, hijo.

—Bueno, aquí le traigo dos...

¿Cómo se dice suegra en ruso?

—Kela Rifen.

¿Y en chino?

—Linchen-La.

¿Y en griego?

—Storva.

Se está muriendo la suegra. Toda la familia se encuentra reunida alrededor de su lecho. La enferma, en sus últimos momentos, dirige la vista hacia la ventana:

—¡Qué lindo atardecer!

Y contesta el yerno:

—¡No se distraiga, mujer! ¡No se distraiga!

Varias personas se detienen frente a un edificio de apartamentos atraídos por los gritos que vienen del balcón del séptimo piso. Se observa cómo un hombre trata de arrojar al vacío a una anciana. La vieja se agarra con las últimas fuerzas de la baranda y grita.

La gente empieza a protestar:

—¡Suelta a la pobre mujer! ¡Asesino!

El hombre del balcón vocea:

—Es mi suegra.

Un minuto de silencio. Luego un hombre de la multitud comenta:

—¡Miren cómo se agarra esa desgraciada!

TOREROS

¡Bienvenidos al escaparate de la fiesta nacional! Trajes de luces, toros astados de varias toneladas, banderillas y, cómo no, el rey de la plaza (con permiso del toro): el torero. Mucha chulería, mucho desparpajo y unos chistes que se merecen las dos orejas y el rabo.

Un torero se casa y la noche de bodas le confiesa a la novia:

—Conchita, tengo algo que confesarte.

—¿Qué me dices, Manuel?

—Mujer, que no me atreví a decírtelo antes, pero tengo un testículo menos.

—Pues confesión por confesión: yo no soy virgen.

—Pero Conchita, ¡que lo mío fue de una corría!

—¿Y lo mío qué te crees que fue?, ¿de una pedrada?

Sevilla, la Maestranza, la corrida del siglo. Un cartel de los que se ven pocas veces: Curro Romero, El Litri y José Tomás. Un gitanillo, desesperado por ver el espectáculo de la tarde, se intenta colar en la plaza pero aquello está plagado de policía, así que finalmente opta por el plan B, y termina en lo alto de un poste de la luz desde el que (mal que bien) puede ver toda la corrida.

Era un torero tan malo, tan malo... que en lugar de faenas hacía putadas.

José Tomás empieza a torear y la plaza le aplaude entregada:

—¡Ooooolé!

Y el gitanillo:

—¡El litri!

Y todos:

—¡Oooooooolé!

Y el gitanillo gritando cada vez más fuerte:

—¡EL LITRI!, ¡EL LITRI!

Hasta que al final se levanta uno de la cuadrilla de José Tomás y le dice:

—Pero quillo, ¿quieres aguardar un rato? ¿No ves que torea el nuestro?

Y el gitanillo medio mareado que le grita:

—¡Que venga el litri!... ¡El litricista!... ¡Que me he quedao pegao!

Un torero va a salir al ruedo y le pide al ayudante que le tienda la espada para entrarle al toro. El de la camarilla le da la espada y le dice:

—Zuerte, maeztro.

—Gracias —responde el torero.

—Zuerte, maeztro.

—Que ya te he dicho gracias.

—¡No!, ¡que zuerte maeztro, que me lleva enganchao!

Un torero llega destrozado a hablar con uno de su cuadrilla:

—Curro, ¡que mi mujer me engaña!

—Pero ¡cómo te va a engañar tu mujer con lo buena que es!

—Que sí, Curro, que algo me lo dice, que mi mujer me engaña.

—Nada, hombre, que eso son imaginaciones tuyas. A ver ¿qué te dice que te esté engañando?

—Ayer fue el *Murlero* de la cuarta corrida. ¡Pues no me dice cuando voy a entrar a matar «¿No te da vergüenza hacerle esto a uno de los tuyos?»!

Plena Feria de San Isidro, Plaza de las Ventas, Madrid. Una americana asiste por primera vez en su vida a una corrida de toros; el cartel es impresionante y la plaza está hasta la bandera.

La americana, que ha conseguido un huequecillo justo detrás de un burladero, le pregunta a un gitano de la cuadrilla del primer espada, que está al lado:

—Por favor, ¿poder decirme cómo llamarse en español señor que luchar con toro?

—¡Pero quilla!, eze e´ el torero, ¡ze llama torero! Y no lucha con el toro, ¡torea! Y déjame en paz que ézta e´ la mejó corría de la temporá.

Al cabo de un rato:

—Perdone señor, pero ¿qué ser la sábana que llevar el luchador de toros?

—¡Pero quilla! Te he dicho que ze llamaba torero, y ezo no e´ una zabana, ezo e´ la muleta y zirve pa toreá.

No pasan ni dos minutos y la americana que vuelve a la carga:

—Perdone señor, y ¿qué ser el pincho que llevar el toreador debajo de sábana, digo muleta?

—Ezo no e un pincho, e la espada...

—Perdone señor... ¿y el vestido que llevar torero?

—Ezo no e´ un vestío, e´ el traje de luce. Y déjame ya, mujé, que quiero ver la corría.

—¿Y el bulto que llevar ingle del torero en traje de luces?

—Ezo e´ para las pilas.

Era un torero tan gordo, tan gordo... que siempre salía por la puerta grande.

Dos leprosos gays comienzan a acaramelarse en mitad de un descampado. Uno le pregunta al otro:

—¿Qué te parece si hacemos el amor aquí mismo?

El otro no puede negarse, y se ponen a ello. Uno a cuatro patas en el suelo, y el otro detrás, dándole mientras le tiene agarrado por las orejas.

Al cabo de un rato oyen la sirena de un coche patrulla, que se acerca a ver qué pasa. El que estaba en el suelo sale pitando colina arriba y cuando el otro reacciona y quiere echar a correr ya tiene a los agentes al lado:

—Buenas noches, agentes.

—Buenas noches. Sabrá usted que mantener relaciones sexuales en un lugar público es ilegal y... —en esto el policía observa lo que el tipo tiene en las manos, y grita—: ¡Pero si tiene una oreja en cada mano!

A lo que el gay le contesta:

—En esta corrida yo me habré llevado las dos orejas... ¡pero el otro se ha llevado el rabo!

En Sevilla están haciendo un festival de boleros y el evento ha congregado a decenas de medios. Un reportero entrevista a uno de los concurrentes:

—Dígame, amigo, ¿a usted le gusta el bolero?

—Hombre que sí. Yo en mi trabajo siempre llevo el bolero en la garganta.

—Ah, ¿es usted cantante?

—No señor, ¡soy torero!

Se encuentran dos amigos a la vuelta de las vacaciones:

—¡Hombre!, ¿qué tal te ha ido en tu finca?

—Fenómeno: un sol, unas tardes de campo... Sólo tuvimos un pequeño problema.

—Cuenta, cuenta.

—Pues nada, fuimos un día a un cerro y nos vio un toro. Le dio por correr detrás de nosotros, y suerte que mi primo, con mucha sangre fría, se paró delante del animal y le dio siete muletazos.

—Vaya con tu primo, no sabía que era torero.

—¡Qué coño torero! No, hombre: es cojo...

VASCOS

El vasco del chiste siempre es cabezota, fanfarrón y muy suyo. Y levanta piedras. Y dice «¡Ahivalaostia!». Y compran «mapamundis de Bilbao». Y... otras mil cosas que los convierten en un clásico entre los mejores. En español o en euskera, risas garantizadas.

Le dice un vasco a otro:

—¡Oye, Patxi! ¿Sabes cuánto ha costado el Guggenheim?

—No, ¿cuánto?

—Cinco mil millones, pues.

—Bueno, con tal de que meta goles...

Nueva York. World Trade Center. Zona Cero. Septiembre de 2002. Después de un año, los bomberos siguen con las tareas de salvamento, cuando de pronto, levantan un bloque de hormigón de dos mil kilos y aparece uno de Bilbao.

—¡Ahivalaostia! Pues anda que no habéis tardao en rescatarme, joder. Ya me estaba muriendo de sed.

Los bomberos, la policía, los médicos, los periodistas... todos se quedan alucinados mirando al vasco, sin creérselo, y el vasco sigue:

—¡Venga un txuletón, hombre, pues! Y un txacolí que estoy seco.

Un bombero, aún sin poder creer lo que ve, le pregunta:

—Oiga, perdone, en la planta donde estaba usted, ¿sabe si quedó algún superviviente?

—¡Y yo qué sé!, ¡si venía en el avión!

¿Cómo llaman al Metro en Bilbao?
—Kilómetro.

—Patxi, ¿te das cuenta de que estamos discutiendo pudiendo arreglar esto a leches?

¿En qué se diferencia un cura vasco de cualquier otro cura?

—El último dice: «¡Cuerpo de Cristo!»... Y el cura vasco dirá: «¡Ahivalaostia!».

—Oye, Aitor, ¿tú sabías que hay otras culturas?

—¿Y qué levantan, pues?

Va un tipo del mismo Bilbao por la autopista, adelantando a todo el mundo con su coche recién comprado, cuando de repente nota algo raro: se aparta al arcén, baja y ve que se le ha pinchado una rueda.

El de Bilbao daba vueltas al coche, buscando el gato como un loco, para ponerse manos a la obra, pero no daba con él. Mientras mascullaba cagándose en todo, se para uno de San Sebastián al que había adelantado anteriormente de mala manera, y le dice.

—¡Joder la ostia, de Bilbao tenías que ser! ¿No sabes que estos coches modernos no tienen ni gato ni rueda de repuesto?

—¿Y cómo se arregla esto, pues?

—Sólo tienes que soplar fuerte por el tubo de escape y se vuelve a inflar la rueda.

—¡Ahivalaostia! Gracias, ¡eh!

El guiputxi se monta en el coche y se aleja muriéndose de risa y pensando: «¡Estos de Bilbao son la ostia!».

¿Qué le falta al coche fantástico?
—La matrícula de Bilbao.

Mientras, el de Bilbao estaba sopla que te sopla por el tubo de escape y aquello no se inflaba... «A ver si lo estoy haciendo mal...» Allí lo único que se inflaba era la vena del cuello, a punto de estallar. Ya estaba casi extenuado cuando se para otro de Bilbao:

—Oye Patxi. ¿Qué haces, pues?

—Que he pinchado y ha parado un guiputxi que me ha dicho que en estos coches de ahora soplando por el tubo de escape se infla la rueda. Pero nada, por mucho que soplo no hay manera...

El otro se empieza a reír y le dice:

—Ahivalaostia, pero mira que eres gilipollas, ¡eh! ¡Cómo la vas a hinchar si tienes las ventanillas bajadas!

Patxi y Joseba están en la Luna, mirando hacia la Tierra, que se ve allá lejos:

—Joseba ¿desde aquí ves al Tierra?

—Ahivalaostia, pues claro.

—Joseba ¿y desde aquí ves Europa?

—Ahivalaostia, pues claro, Patxi.

—Joseba ¿y España?, ¿ves España desde aquí?

—Claro que sí, ¿o qué te has creído?

—¿Y Euskadi?, ¿ves Euskadi desde aquí, Joseba?

—Naturalmente que veo Euskadi desde aquí, Patxi.

—¿Y Bilbo?, la ostia, ¿ves Bilbo, tú?

—Pues claro que veo Bilbo, copón.

—¿Y ves la ría de Rentería también, Joseba?

—Sí hombre, ¿cómo no voy a ver la ría?

—¿Y el frontón de la plaza?, ¿ves el frontón de la plaza, Joseba?

—Pues claro que lo veo, Patxi.

—¡Saca ya, pues!, ¡saca ya!

—Oye Iñaki, ¿y cómo es que ya no vamos a bañarnos desnudos al río a las siete de la mañana?

—Es que después me empalmo y me hago polvo contra las piedras del río.

—Anda, ¿y por qué no nadas a espalda?

—¿Y qué hago con el puente de Deusto, pues?

—Oye, qué bonito es el perro de florecitas, *Puppy* le dicen, ¿no?

—Sí pues... ¿y la caseta que le hemos montado detrás?

¿Cómo se sabe en un campeonato de ajedrez que un jugador es de Bilbao?

—Porque es el único que baraja las fichas.

ÍNDICE

Los mejores chistes del mundo
Samuel Red

Un desternillante recorrido por el humor y la sátira de todos los ámbitos y de todas las épocas.

El autor lleva a cabo en este libro, indispensable para los buenos amantes del humor, una extensa y variopinta incursión en los chistes más cómicos y populares de los más variados lugares de este mundo.

Los mejores chistes del mundo 2
Samuel Red

¿Reíste leyendo el primer volumen? Entonces, la segunda parte te encantará.

En este libro, el autor continúa su particular e inestimable terapia de la risa con los chistes más divertidos de todas las épocas y de todos los géneros.

Los mejores chistes de oficina
Samuel Red

Si tu vida laboral es una Navidad continua (tú trabajas y el Gordo se lleva el mérito). Si te has plantado alguna vez ante tu jefe para pedirle un aumento de sueldo… y ha pensado que era un chiste. Si llevas años en el paro y no buscas trabajo por no perder la antigüedad. Si al llamar por teléfono desde casa marcas primero el cero de la centralita. Si eres funcionario, becario, secretaria, directivo, enchufado, consultor, jefe de marketing, informático… éste es tu libro.